现代公民读本

XIANDAI GONGMIN DUBEN

（高中版）

杨杰　主编

上海教育出版社
SHANGHAI EDUCATIONAL
PUBLISHING HOUSE

现代公民读本

（高中版）

主　　编：杨　杰

副 主 编：陈雪良　吴永玲

特邀撰稿人：史　俊　陈雪良　吴立宏

吴永玲　晁玉玲　童　亮

序

吴　铎

我很高兴地将《现代公民读本》(高中版)推荐给青年读者。这本书是为高中学生编写的,也值得所有青年一读。本书洋溢着对青年的关爱,是作者奉献给青年朋友的一份弥足珍贵的礼物。

作为本书的首批读者,在这里说说给青年推荐这本书的缘由。

这本书告诉我们“公民”的含义是什么。公民是取得了一个国家国籍的人。《中华人民共和国宪法》第三十三条规定:凡具有中华人民共和国国籍的人都是中华人民共和国公民。婴儿出生如何确定其国籍,各国有不同的法律规定。《中华人民共和国国籍法》第四条规定:父母双方或一方为中国公民,本人出生在中国,具有中国国籍。一个国家的公民,可以享有该国宪法和法律规定的权利和必须履行宪法和法律规定的义务。如果他侨居在国外,也受所属国家外交机构的保护。以上情况都说明,公民是个法律概念,是一个人的法律身份。

这本书告诉我们什么是“公民意识”。“公民意识”,简言之就是公民对自己在国家和社会中所处地位的认识、观念。我国有一部根本大法,就是《中华人民共和国宪法》。我们所说的“公民意识”,最主要的就是懂得维护宪法规定的公民基本权利,忠实履行宪法规定的公民的基本义务,维护个人的平等地位,具有国家主人的责任感、使命感。我们有幸生长在现代社会,尤其是有幸生长在现代中国,应努力使自己成长成为一个具有“公民意识”的、合格的现代公民。

这本书告诉我们怎样成为现代合格公民。这要从两个方面来看。一是客观的外在条件。家庭的、学校的、工作单位的,特别是市场经济、民主政治生活的作用,对一个人成为合格公民具有毋庸置疑的巨大影响力。二是主观的内在条件。比起外在条件来说,这是更为重要的一个方面。个人要努力学习公民知识,培育公民意识,特别要认真学习宪法规定的公民的基本权利和基本义务，经过实践，逐步树立社会主义民主法治、自由平等、公平正义理念。

这本书还提供了生动的呈现形式。翻开读本，首先映入眼帘的就是一个个活泼醒目的话题："十八岁意味着什么""从'国家宪法日'说起""人人肩头都有一副法治的担子""守法诚信品自高""世界公民的风采"……在进入正文之前，会读到"题记""知识窗""拓展阅读"等各种生动的栏目知识。在阅读正文的过程中，还会时时有"提示"，让你"想一想""思考"，安排了"调查与研究""体验与交流"。这些具有创意的布局，使人感到读书好比行路赏景，兴趣盎然。

党的十九大报告要求在全社会"深入实施公民道德建设工程"。《现代公民读本》修订再版，正是适应深入实施公民道德建设工程需要。它一定会在落实社会主义核心价值观、"推进社会公德、职业道德、家庭美德、个人品德建设，激励人们向上向善、孝老爱亲，忠于祖国、忠于人民"的过程中，彰显独具特色的正能量。

2018 年 6 月 12 日

CONTENTS 目 录

第一课　十八岁意味着什么

对每一个生命个体来说，它的生命过程中的任何一个时段，都是美好的，都能给人带来惊喜和无尽的遐想。但是，如果有人一定要你道出何时才是生命中的花样年华的话，那你的回答一定会是：当十八岁生日悄然而至的时候。

十八岁，意味着生命的春天的到来。春天带给世界的是明媚的阳光和温暖的春风，以及随之而来的漫山遍野的嫩绿和芬芳。而生命的春天，总是同少男少女们的灿烂的容颜、银铃般的笑声、矫健俏丽的身影以及对绚烂未来的向往和追求联系在一起的。青春，阳光，积极，进取，充满着活力，迷恋于人生的美梦，每天都在拔高和生长，每天都憧憬着更加美好的明天，这就是我们时代的十八岁的少男少女们的写照。

十八岁，意味着公民完全民事行为能力的确认。请不要忘记了，现代社会给予十八岁上下的少男少女的除了上面这些外，还有一份最可珍视的社会赠予：身份证！身份证上有诸多的栏目，它们都是只属于“你”的。身份证上的相片是属于你的，身份证上的性别和出生年月日是属于你的，身份证上的住址是属于你的，身份证上的公民身份证号码是属于你的（具有唯一性）。这些，都用形象、数据、文字符号勾勒出了一个活生生的“你”。

十八岁，意味着梦和圆梦的新的起步。当你参加完十八岁成人仪式后，冥冥中似乎有人在不断地提醒你：你已不是个依偎在父母身旁的孩童，而是一个有着壮实的躯体、独立的人格、自我的美梦的青年人。当整个中国正在为实现复兴中华的中国梦奋斗的时候，你，一个新时代的少男少女，理所当然地成为这支圆梦大军中的光荣的一员。

十八岁，意味着什么呢？请想一想，再想一想。

——题　记

十八岁的象征意义

不，
那些人不是“青年”，
他们感到血液里发痒，
却在爱情里，
浪费着朝阳般的
生命的火光。
难道这就是青春？
绝不是！

光是十八岁还很不够。
那些人，
才算得青年。
能代表所有的孩子，
对年老稀疏的战斗队伍说：
“我们
要改造地上的生活！”
青年——
这是一个称号——
献给
那些加入战斗的青年共产国际的人。

这是俄国伟大诗人马雅可夫斯基的名诗《青春的秘密》中的一段激情诗句，这首诗中“我们要改造地上的生活”的青春命题，曾经激励了世界各国一代又一代的青年走上奋发有为之路。

人是一步步走向成熟的。一个十岁以下的孩子，他挂在口头最常用的一句话是："我听爸爸妈妈说的。""我听老师说的。"过了十岁以后，人长大了，遇事他常常会说："让我想一想！"有时对父母、老师、同学的话会发出"为什么""是这样吗"的疑问。到了十八岁上下的时候，遇事他会告诉你："我以为，这事应这样看"，还会对长者说："这事我想过了，我就这样做了！"从"听爸妈的"，到"让我想一想"，到"我以为"这样的一个"人生三部曲"，反映了人不断由依赖社会和他人，走向独立自主的历程。这个历程大致得以完成，有它的生理和心理的基础。

十八岁，正是生理上趋于成熟的年龄段。十八岁，也是心理上趋向自主独立的年龄段。

十八岁到来了，你成了完整意义上的社会人。

《中华人民共和国宪法》是国家的根本大法，在"公民的基本权利和义务"一章中，把十八岁定为参与基本政治活动的一个年岁节点，"年满十八岁的公民，都有选举权和被选举权。依照法律被剥夺选举权和被选举权的人除外"。这样看来，十八岁又是一个荣耀和责任的年岁。当你作为中华人民共和国成年公民的一员，投下神圣的一票时，你会感受到作为国家主人翁的那种荣耀和责任；当你被其他公民推选到某个岗位上任职的时候，你同样会感受到那种荣耀和责任。

知识窗

在我国，公民具有选举权和被选举权的年龄都定在十八岁，这在世界上是比较早的。如公民具备选举权的年龄，瑞士为二十岁，瑞典为二十三岁，丹麦为二十五岁，日本二十六岁。至于被选举权的行使年龄，一般都还要晚一些。按照我国的实际，《中华人民共和国民法总则》把民事权利能力和民事行为能力分为四个年龄段：

不满八周岁的未成年人，定为无民事行为能力的人。

八周岁以上的未成年人，定为限制民事行为的人。

十六周岁以上不满十八周岁的公民，以自己的劳动收入为主要的生活来源的，视为完全民事行为能力人。

十八周岁以上的公民是成年人，具有完全民事行为能力，可以独立进行民事活动，是完全民事行为能力人。

十八岁，意味着走独立前行的人生之路的开端。以前是父母、老师扶着你前行，现在需要的是独立。到了这个年龄段，应该开始独立了，但是，是否真能独立得了，关键还在于自身的努力。

十八岁，意味着对社会责任的担负。不管是选举权和被选举权也好，或是“完全民事能力”也好，都是一种责任。

这使我们想起至圣先师孔子，想到他的“成人”说。在他看来，人要成其为真正意义上的“人”，不只要有年岁上的要求，更重要的是思想上的成熟和完善。对于“成人”，孔子有一段完整的表述：

子路问成人。子曰：“若臧武仲之知，公绰之不欲，卞庄子之勇，冉求之艺，文以礼乐，亦可以为成人矣！”曰：“今之成人者何必然？见利思义，见危授命，久要不忘平生之言，亦可以为成人矣！”（《论语·宪问》）

从这段文字可以看出，关于“成人”，孔子既给出了理想观念上的准则，又给出了现实（文中说的“今”）意义上的要求。在论及理想观念上的“成人”准则时，孔子以人们耳熟能详的臧武仲、公绰之、卞庄子、冉求这样一些典范人物为榜样，要求青年认真学习；在言及现实要求时，不忘结合社会热点（贫富、利义之类）加以阐述。这是孔子思想上成熟的反映。他把“成人”教育的重心放在学做人上。这是中国历史留存给我们的一个好传统。

“人”在孔子心目中永远是第一位的。所谓“成人”，归结起来，也就是学做人的问题。孔子这样说过：“贤贤，易色，事父母能竭其力，事君能致其身，与朋友交言而有信。虽曰未学，吾必谓之学矣！”（《论语·学而》）这里所说的“学”，完全讲的是学做人，也就是“成人”。这段文字的内涵实在太丰富了，讲了五个方面学做人的要求：一是“贤贤”，就是要向贤人学习，重视榜样的作用。二是“易色”，“色”有两义，首先指的是外貌，不要去过分地重视外貌的修饰，也指女色，男子汉不要迷恋于女色。三是“事父母能竭其力”，孝不是说当子女的要有多少钱，而唯一的要求是尽心尽力。四是“事君能致其身”，这是个人与国家关系问题，必要时要准备为国献身。五是“与朋友交言而有信”，信守承诺，不欺骗朋友，这才是真朋友，靠得住的朋友。这五条，从个人的修身，到尽孝道，到善处朋友关系，到为国尽忠，都有了。这就是“成人”。

2015 年的新学年开学，恰逢中国人民抗日战争暨世界反法西斯战争胜利 70 周年纪念日。这时，纪念抗战，学懂“和平来之不易，和平必须捍卫”的道理，差不多成了所有学校的“开学第一课”。一部《歌声穿越 70 年》的主题音乐宣传片在校园中广泛播放。《怒吼吧，黄河！》《延安颂》《太行山上》《抗日将士出征歌》……伴随着荡气回肠的歌声，莘莘学子接受了一次极好的“成人”教育，心头铭记着历史启示的伟大真理：正义必胜，和平必胜，人民必胜！作为共和国的公民，心头要铭记这样一些时代的真理，并珍视来之不易的胜利成果。我们的时代需要英雄，我们的民族需要英雄精神。作为新时代的青少年，我们要铭记一切为中华民族和中国人民作出贡献的英雄们，崇尚英雄，捍卫英雄，学习英雄，关爱英雄，戮力同心为实现“两个一百年”奋斗目标、实现中华民族的伟大复兴的中国梦而努力奋斗！

十八岁，对成人的全过程来说，只是“路漫漫其修远兮”的一个开端，愿我们的少男少女们开好这个头。

难忘庄严的成人典礼

中国历来被称为“礼仪之邦”。“礼”是指礼节，俗称规矩。“仪”是指仪式，为表明某种礼所取的形式。《周礼》一书中有言：“凡国之大事，治其礼仪。”把礼仪看成是国之大事，这是中国社会的特色，也是中国社会的传统。

在传统社会中，留存下来的礼仪品类极多，以至于有“礼仪三百，威仪三千”的说法，如果归一归类的话，就是六大类。《礼记·王制》中说：“六礼：

冠、昏、丧、祭、乡、相见。”“冠者，礼之始也。是故圣王重冠。”（《礼记·冠义》）六种大礼中，冠礼是放在第一位的。所谓冠礼，也就是我们平时说的“成人礼”。

我国古代成人仪式的过程十分严密和庄重。每年，由各地官员送上当年实施冠礼的名册，核实后登录在册。举行冠礼的地方一定是在祖庙中，实际上相当于向老祖宗宣誓的性质。举行冠礼的时日、主持人，都要通过宗教形式的占卜选定，也就是所谓的“筮日”和“筮宾”。通过占卜决定冠礼的日期和时辰，确定仪式主持人。“筮日”和“筮宾”时都要让参加冠礼的当事人、当事人的父母兄弟、地方官员以及有名望的年长者出席，这相当于一次彩排。彩排过后，人们各自去准备。

到了举行冠礼那天，正式参加冠礼的人及其家人早早来到庙堂，按照主持人指定的地方在庙堂里入座。在庙堂门口备有洗手的面盆，所有人都必须洗净手才能入内。由主持人指挥整个仪式。先是主持人宣读礼仪词，然后由专人为他们加冠，加冠过后，就为每个加冠者取“字”。我们平时讲名字，在中国古代，未成年人是有“名”无“字”，“字”是在成人礼时赐予的。赐“字”后，再学习向父母、向长者、向乡大夫、乡先生施礼。

在传统社会整个成人礼中，有几个环节值得一议，也值得我们永远记取。

一是把冠礼（成人礼）看成是“国之大事”。上至国君下至平民，以至于冠礼的当事人，都十分重视这件事，把它看成是一生中最重大的事件。就拿当事人来说，在举行冠礼前，要做很多的“功课”：戒斋沐浴，排除杂念。端庄仪容，选择好行冠礼当天的穿戴。复习各种成人所必需的礼仪，以防当天出错。这样的重视程度是难以想象的。至于国家的行政人员，人人心中有这样一个观念：“敬冠事所以重礼，重礼所以为国本也。”（《礼记·冠义》）把行冠礼与“国本”联系在一起，这种重视程度是可想而知的了。

二是冠礼过程中的励志行为。所谓“冠”，通俗地讲就是帽子。古代人与现代人不一样，他们把冠冕看得很重，视为一种身份和地位的象征。人在成人之前，一般的打扮是束发，头发长了就把它打成结，用一根簪把它“束”在头顶上。到了行成年礼以后，才有资格戴冠。事实上，就是成年以后，也不是每个人都可以戴冠的，平民百姓一般是戴巾，只有士（知识分子）以上的有相当社会地位的人才能戴冠。为了通过冠礼励志，一般在冠礼过程中有一个“三加弥尊”的环节。这里说的“三加”，就是三次为参加成人礼的人戴上不同的冠。第一次戴的是缁布做的冠，也就是黑色的土布做的冠；第二次戴的是有一定颜色的比较考究一点的冠，身份的象征意义是不言而喻的；第三次戴的是红色的丝绸做的冠，象征着地位会更高些。为何要“三加”呢，为何每加冠一次要“弥尊”呢？文献上写得很清楚，“三加弥尊，喻其志也”（《礼记·郊特牲》），这样做就是为了激励他的奋发向上之志。冠象征着成就、功业、社会地位，“三加弥尊”的意思是告诉参加成人典礼的人一个为人处世的基本道理，只要奋发向上，就会步步高升。最有意思的是，在三次戴冠以后，当事者“冠而敝之可也”，就是把第一顶最低级的黑布冠扔掉，而把其他两顶冠收藏起来。其寓意似乎是在说：“我要做最好的我！”这也是种特别有趣的励志方式。

三是冠礼过程中成人礼仪的操练。这是一个极为重要的环节。从举办冠礼开始，你就被社会承认为一个成人了，那么，你就得懂得并践行种种成人礼节。在行冠礼的过程中，就要第一次践行成人的几个最重要的礼节。一是见父母之礼，二是见兄长之礼，三是见乡大夫、乡先生之礼，四是见礼仪主持官之礼，五是见君主之礼。这些礼，不只在仪式上要符合规范，而且还要带上符合对方身份的一份见面礼（即所谓“挚见”）。这些都十分讲究，乱不得。冠礼上做的就是一种规范，以后毕生都要这样做。这种借冠礼机会演练成人诸多日常礼仪的方式，也是颇具深意的。

四是“冠而字之”的规范。我们现在通常见到一位不相识的人就会问对方的名字。一个人有“名”有“字”，那是延续了几千年的中国老传统，直到辛亥革命后才把这个老传统“革”掉了，而“名字”这种说法依然存在。按照《礼记》的说法：“幼名，冠字。”意思是说，“名”是年幼时父母取的，而“字”是通过成人礼获取的。有一种说法，名是长辈对幼辈的称呼，现在人长大了，社会交际面也广了，那些平辈的人，那些比当事人小的人，直呼其名，就显得不礼貌了，于是就要取“字”。正式的说法是“冠而字之，敬其名也”。“敬其名”的内在意思，也就是敬其父母辈。那么，字的实质意义何在呢？《颜氏家训·风操》说：“古者名以正体，字以表德。”这就清楚了，给一个参加成人礼的人起“字”，表明了他的一种道德追求，这对个人来说是终身有影响的。

思考

读了上面这篇关于中国古代成人礼的介绍文字，你会有哪些体会？你觉得，从继承和弘扬民族传统文化角度看，有哪些方面是可以为我们后人继承和吸收的？就此写一篇体会性的短文，行吗？

成人，是人生的一个永远的课题。如果说人一生中有若干个转折点的话，那么，从幼童走向成人无疑是人生历程中最大、最重要的转折点。古人把“冠礼”当作是“国之大事”，应该说是有远见卓识的。一个人的成人历程走得对不对、好不好，似乎看来只是一家一族的事。其实不是这样的，人人都有成人的过程，家家都有成人的人，一代代人都有成人这样一个课题，众多人的成人转折是否顺当，观念上是否正确，关系到今后整个社会的风貌。因此，作为“国之大事”，成人礼还是粗疏不得的。

我们并不主张去照抄古代的成人仪式，但是，必须指出的是，在我国传统的成人典礼中，的确有不少代表社会正气和正能量的东西。通过对这些东西的消化和吸收，发展我们的成人礼仪文化。把成人仪式看成是可有可无的事，一切让孩子们“自然”成长，那是不对的。草草了事，或者只是当孩子十八岁生日到来的时候，大吃大喝一顿，都不是上佳的选择。

我们提倡多种形式的、生动活泼的成人礼仪。学校，作为文化教育的专门机构，每年都可以组织适龄青年进行成人典礼。在组织适龄青年参加的同时，也可以吸纳其他青少年参加，让更多的人接受教育。家庭是孩子的“第一所学校”，家庭式的温馨而得体的成人生日礼仪，可能会收到极好的效果。另外，人大了，就会有相对固定的好朋友，三五好友团聚在一起做个成人庆典，那也是种不错的选择。

当代青年有着自主性强、独立意识鲜明的特质。这不是坏事。我们要把自主性和独立意识用在走好成人路上。从过完十八岁生日开始，你已经是一个成人了。今后，你将怎样走好这漫漫人生路？这是个极为严肃的人生课题，一点也粗疏不得。请想一想，是否可以用“成人誓言”的形式把它书写出来？我们相信，绝大多数正迈入“成年期”的青少年是会以纯真的心态和积极的人

上海举行的十八岁成人仪式

生态度来对待这样一件人生大事的。

我们欣喜地在一位高中生的记事本上读到了这样一段激情文字：

青春的承诺

面对蓝天大地，我庄严承诺：
把孝心献给父母，把忠心献给祖国，
把爱心献给他人，把贞洁留给自己。
珍爱生命，奋发有为。
关爱自然，创造未来。
以健康的身心拥抱世界。

在这份承诺书中，凝聚了作者十八周年人生经历所积聚的养分，吸纳了我们社会的正能量，经过自我的消化吸收，成为自我发自内心的一种呼唤。这样的承诺，是献给祖国的，献给社会的，献给他人的，献给父母的，也是献给自我的。只要他坚持着照承诺上写的去做，那么，他一定会成为时代的骄子。也许，数十年后，他会重新向自我、向世人展示这份承诺，他会含笑而言：“我无愧于时代，也无愧于当年自己的承诺！”

青年朋友们，当十八岁生日到来的时候，立下你的青春承诺吧，为了你的父母，为了我们的社会，为了正在振兴着的祖国，当然，也是为了你自己。每一个真正“珍爱生命”的人，都应如此。

知识窗

上海市最早的成人典礼可以追溯到20多年前的1993年。当时的嘉定县黄渡镇在全国首创“十八岁成人仪式”，受到了国家教委的肯定，从此，这项活动迅速推广向全市，乃至全国。从2006年起，上海市教委等主办单位每年都在东方绿舟举办成人仪式。近年来，成人仪式越来越富有创意，一些单位精心设计了革命火炬传递、迈成人门、授成人帽、成人宣誓、长辈祝福、植纪念林等活动，最基本的主题是：爱国、感恩、责任、逐梦。

为了建设法治国家

十八岁，意味着独立人生的开端，十八岁，意味着可以脱离“监护人”的监护独自闯天下、干事业了。这里很值得我们思考的是：我们将要全身心投入其中的社会，是怎样的一个社会呢？我们——青年人——作为血气方刚的一支社会新生力量，将在这个社会中发挥怎样的作用呢？

我们要建设一个怎样的理想社会？这一直是改革开放以来党和国家思索与探究的问题，也是全国人民深深关切的问题。

党的十一届三中全会以后，邓小平同志提出了“建设小康社会”的大胆设想。“小康”是中国人民千万年来的追求和梦想。

党的十八大提出了“全面建成小康社会”的新要求。从“全面建设”到“全面建成”虽然只是一字之差，但却代表了党和人民对建设理想社会的新认识和新步骤。全面建成小康社会的要求是：经济持续健康发展，人民民主不断扩大，文化软实力显著增长，人民生活水平全面提高，资源节约型、环境友好型社会建设取得重大进展，这为人民描绘了一幅清晰的小康图景。党的十九大提出，到建党一百年时建成经济更加发展、民主更加健全、科教更加进步、文化更加繁荣、社会更加和谐、人民生活更加殷实的小康社会，然后再奋斗三十年，到新中国成立一百年时，基本实现现代化，把我国建成社会主义现代化国家。

2012 年 11 月 14 日，十八大闭幕。半个月后，也就是 11 月 29 日，履新不久的新一届中央领导来到国家博物馆，参观《复兴之路》展览。抚今追昔，展望未来，习近平总书记声如洪钟：“我坚信，到中国共产党成立 100 年时全面建成小康社会的目标一定能实现，到新中国成立 100 年时建成富强民主文明和谐的社会主义现代化国家的目标一定能实现，中华民族伟大复兴的梦想一定能实现。”

这是第一次完整地提出了一个响亮的民族梦想：中国梦。

中国梦，一经提出，迅速点燃了亿万华夏儿女心中的激情，凝聚起强大的正能量。

梦在前方，路在脚下。

在以习近平同志为总书记的新一届党中央的领导下，中国亿万人民担当起了实现中华民族伟大复兴的中国梦的伟大理想。在党的领导下，开新路，闯新局，我们的事业朝气蓬勃。

在前进中，党和人民对怎样建立治国兴邦的根本保障体系这个问题进行了很多思考和探索。2014 年 10 月 23 日，中国共产党第十八届中央委员会第四次全体会议通过了《中共中央关于全面推进依法治国若干重大问题的决定》，明确提出了依法治国的总目标：

全面推进依法治国，总目标是建设中国特色社会主义法治体系，建设社会主义法治国家。这就是，在中国共产党的领导下，坚持中国特色社会主义制度，贯彻中国特色社会主义法治理论，形成完备的法律规范体系、高效的法治实施体系、严密的法治监督体系、有力的法治保障体系，形成完善的党内法规体系，坚持依法治国、依法执政、依法行政共同推进，坚持法治国家、法治政府、法治社会一体建设，实现科学立法、严格执法、公正司法、全民守法，促进国家治理体系和治理能力现代化。

思考

全面推进依法治国，建设中国特色社会主义法治体系，建设社会主义法治国家。对实现中华民族伟大复兴的中国梦有何重要意义？

怎样正确理解社会主义制度下的法治呢？正如十八届四中全会公报明确指出的：“坚持党的领导，人民当家作主，依法治国，三者是有机统一的。坚持中国特色社会主义法治道路，就是坚持三者的有机统一。”这是我们学习社会主义法治理论的关键所在。

首先是坚持党的领导。我们常说，没有共产党，就没有新中国。这是一条颠扑不破的真理，是被从中国共产党成立以来近一个世纪的历史所证明了的。作为先进生产力和先进文化的代表，中国共产党在社会主义革命和建设事业中，都起着引领的作用。党的领导是中国特色社会主义最本质的特征，是社会主义法治最根本的保证。把党的领导贯彻到依法治国的全过程和各方面，是我国社会主义法治建设的一条最基本经验。

党的领导和社会主义法治是一致的。社会主义法治必须坚持党的领导，党的领导必须依靠社会主义法治。只有党的领导下的依法治国，厉行法治，人民当家作主才能充分实现，国家和社会法治化才能有序推进。党起着把握方向的作用，党起着总揽全局、协调各个方面的作用。

依法治国必须坚持人民的主体地位。人民是依法治国的主体和力量源泉，人民代表大会制度是保证人民当家作主的根本政治制度。依法治国是为了人民。依靠人民，保护人民，造福人民，是依法治国的出发点和落脚点，包括保证人民依法享有广泛的权利和自由，承担应尽的义务，维护社会公正正义，促进共同富裕。同时，还要保障人民在党的领导下，依照法律规定，通过各种途径和形式管理国家事务，管理经济文化事业，管理社会事务。必须让人民认识到，法律是保障自身权益的有力武器，又是必须遵守的行为规范，以增强全社会学法遵法守法用法的意识，使法律为人民所掌握、所遵守、所运用。

青年一代，是祖国实现小康社会的历史见证人，是建成富强、民主、文明、和谐的社会主义现代化国家的历史见证人，是实现中华民族伟大复兴、圆伟大的中国梦的历史见证人。身为这样一代人，你自然会感到无上的荣光，同时，也会感到自己肩头担子的沉重，真是任重而道远啊！

拓展阅读

"任重道远"一语首见于我国的经典文献《论语》。在《论语·泰伯》中有这样一段话："曾子曰：士不可以不弘毅，任重而道远。仁以为己任，不亦重乎？死而后已，不亦远乎？"

请认真阅读这段文字，最好能背诵出来。在此基础上将这段文字翻译成现代文。结合当今的社会主义法治国家建设，谈谈自己的心得体会，能组织一次讨论会更好。

在社会主义法治建设中，怎样当家作主的问题，有三个方面是值得我们这些风华正茂的十八岁少男少女考虑的。

首先，是怎样享受好法律所赋予的权利。在一系列的法律文本中，尤其在我们现行的宪法文本中，都明确写了公民权利的诸多条款，我们要熟悉这些条款，认真而正确地运用这些条款。现在的问题是，由于种种原因，我们对这些条款还不太熟悉，有的明明是公民应有的权利，自己却不知道。

比如，在现行宪法中，明确地写着这样一条："公民有受教育的权利。"这对中国这样一个古老的国家来说，写上这一条实在太难能可贵了。在剥削制度下，对广大民众来说，教育权是长期被剥夺的，在新中国成立前，大约有95%的人是不识字的"睁眼瞎"，大多数的人连吃饱肚子都顾不上，哪能背上书包上学去？从根本上改变这种局面的是新中国的建立。可见，在宪法上写上这么一条，是多么的不容易啊！

我们要千百倍地珍视这份公民权利，并努力用好这一重要的公民权。受教育权如此，其他的公民权也如此。可以毫不夸大地说，对于近代以来长期受帝国主义列强欺凌的国家来说，几乎每一项公民权利的后面都隐藏着一个又一个生动而感人的“中国故事”。我们要学会用好公民权利，当这种权利受到侵犯的时候，学会运用法律武器捍卫自己的神圣权利。

其次，是要学会自觉守法。

要做到“自觉”二字，实在不容易。真正的自觉是建筑在理解的基础上的。我们常说：“要使法律成为一种信仰！”为什么去信仰法，而不是信仰别的？那是因为只有法律才能给社会带来安宁，给国家带来富强，给民众带来安康。明乎此，你就会无条件地去学法、知法、守法。

事实上，就是懂了，也还有一个自觉的问题。中国历史上有一个“不能”与“不为”的著名命题，千百年来传之不绝。在《孟子·梁惠王上》中，有这样一则故事：一次，孟子去看望名盛一时的齐宣王。孟子劝齐宣王推行仁政，实施王道，齐宣王回答，我可能做不到。孟子不客气地单刀直入，批评他：“王之不王，不为也，非不能也。”齐宣王还算比较老实，要孟子说一说“不为”与“不能”的区别在哪里。孟子就说了一段千古名文：

挟太山以超北海，语人曰“我不能”，是诚不能也。为长者折枝，语人曰“我不能”，是不为也，非不能也。故王之不王，非挟太山以超北海之类也，王之不王，是折枝之类也。老吾老，以及人之老。幼吾幼，以及人之幼，天下可运于掌。

这是一段千古名文，也是千古妙文，更是千古丽文。这段文字翻译成现代文就是：要求一个人挟着泰山跃过北海，这人回答说“我做不到”，那是真做不到。若要求一个人为老人折一根树枝当拐杖，说“我做不到”，那是不肯做。现实生活中大量的是“为长者折枝”之类的小事，只要真心实意地去做，都是能做好的。

再次，作为国家和社会的主人，要学会在法的范围内通过各种途径和形式管理国家事务，管理经济文化事业，管理社会事务。

我们青年人是社会生活中最有朝气、最富活力、最积极奋进的一部分。让我们在中国共产党的正确领导下，努力学习，积极工作，为建设社会主义法治国家作出自己应有的贡献。

社会调查

党的十九大报告指出：坚持党的领导、人民当家作主、依法治国的有机统一。请查阅相关资料，对我国在依法治国方面有哪些举措作一次调查，并对某一具体举措作深入分析。

第二课 从“国家宪法日”说起

12月4日，对共和国的公民来说是个不寻常的日子。

从2014年往上推，32年前的12月4日，也就是1982年制定的现行宪法的实施日。

从2014年往上推，13年前的12月4日，当中国人民斗志昂扬地跨入新世纪的时候，开创了第一个法制宣传日。在这一天，在全国各地举行了大规模的法制宣传活动。

2014年的12月4日，根据十二届全国人大常委会十一次会议的决定，中国公民迎来了举国欢庆的首个“国家宪法日”。

在首个“国家宪法日”到来之际，国家主席习近平发表了重要讲话，要求全国上下以设立“国家宪法日”为契机，深入开展宪法宣传教育，大力弘扬宪法精神，切实增强宪法意识，推动全面实施宪法，更好地发挥宪法在全面建成小康社会、全面深化改革、全面推进依法治国中的重大作用。

在首个“国家宪法日”当天，一些法制专家、学者主动到学校、社区中开展宪法基本知识的传播，让更多的人懂得宪法在人们生活中的重要地位。

在首个“国家宪法日”当天，新就任的那些公务员面对宪法进行庄严的宣誓，决心做一个忠于宪法的“人民好公仆”。

在首个“国家宪法日”当天，不少单位举办报告会、座谈会以及宪法知识竞赛，以生动活泼的形式促进学习宪法、实施宪法。

“12月4日”，成了名副其实的13亿中国公民的盛大节日，人们的心中回荡着一个共同的声音：

“让宪法成为13亿中国公民心中的普遍信仰！”

——题 记

宪法是根本大法

熟悉一点中国传统文化的人都知道，“宪法”这一概念在中国是古已有之的。当然它不完全等同于现代意义上的宪法概念，但也有联系。中国文字中的“法”字，以“水”为偏旁，以“去”为另一边，意思也是清楚的：就是要立法要像水一样公平，像去除社会的种种污浊那样严格执法。中国传统意义上说的“法”和“宪法”虽然与近现代世界各国通行的“宪法”是不能等同的，但在法律面前应人人平等、法的功效在于去除社会污浊和保护善良的人们这些方面，还是相通相融的。

近现代的宪法兴起于资本主义的上升期，最有代表性的是美国的《独立宣言》和法国的《人权宣言》。1776 年美国的资产阶级民主主义者宣布脱离英国殖民者而独立，于当年的 7 月 4 日（后来这一日被定为美国的独立日）获得通过，并向全世界公布。在《独立宣言》中发出了这样的声音：“我们认为下述真理是不言而喻的：人人生而平等，造物主赋予他们若干不可让与的权利，其中包括生存权、自由权和追求幸福的权利。为了保障这些权利，人们才在他们中间建立政府，而政府的正当权力，则是经被统治者同意授予的。任何形式的政府一旦对这些目标的实现起破坏作用时，人民便有权予以更换或废除，以建立一个新的政府。”这是一个伟大的文件，在人类历史上第一次以国家名义宣布了人民权利的神圣不可侵犯性。

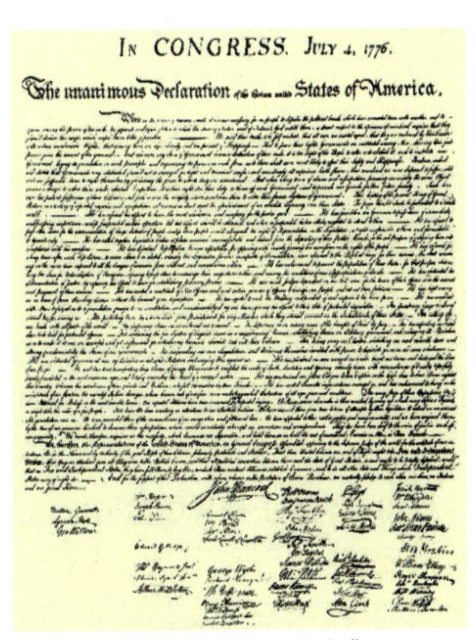

美国的《独立宣言》

1879 年，法国的君主立宪派执政，发布了著名的《人权宣言》。《人权宣言》宣布："在权利方面，人们生来而且始终是自由平等的"，"任何政治结合的目的都在于保存人的自然的和不可动摇的权利。这些权利就是自由、财产、安全和反抗压迫"。在法律的公正性上，《人权宣言》写道："法律是公共意志的体现，全国公民都有权亲身或经过其代表去参加法律的制定。法律对所有的人，无论是施行保护或处罚，都是一样的。在法律面前，所有的公民都是平等的。"这就是"法律面前人人平等"的原则。

《独立宣言》和《人权宣言》这样的早期资产阶级宪法文本，无疑是具有历史进步意义的。但是，我们也必须看到，由于其阶级的局限性，这些宪法文本中说的"自由""平等""公共利益"，并不真正是对所有人而言的，只是为了争取民众拥护而打出的一面旗帜而已。一旦政权到手，他们又会以另一副嘴脸来对待民众，近年来多次出现的美国白人警察射杀手无寸铁的黑人却未遭起诉的事件就充分说明这种宪法有伪善的一面。

我国制宪的起步比较晚，但发展的速度很快。我们且不去说新中国成立前漫长的立宪过程，单就简单说一说新中国成立以来的立宪过程吧！新中国成立以来，我国一共制定了四部宪法，以年份定名分别为"五四宪法""七五宪法""七八宪法""八二宪法"。我国当前使用的是新中国成立后的第四部宪法，即"八二宪法"。根据 1988 年 4 月 12 日第七届全国人民代表大会第一次会议通过的《中华人民共和国宪法修正案》、1993 年 3 月 29 日第八届全国人民代表大会第一次会议通过的《中华人民共和国宪法修正案》、1999 年 3 月 15 日第九届全国人民代表大会第二次会议通过的《中华人民共和国宪法修正案》、2004 年 3 月 14 日第十届全国人民代表大会第二次会议通过的《中华人民共和国宪法修正案》和 2018 年 3 月 11 日第十三届全国人民代表大会第一次会议通过的《中华人民共和国宪法修正案》，共对"八二宪法"进行了五次修订，使之成为既相对稳定又与时俱进的一部好宪法。

关于宪法是根本大法，这里可以分三个方面来解说。

第一，宪法是我国治国安邦的总章程。

我国宪法浓缩了近一个世纪来中国人民在中国共产党领导下艰苦奋斗所获得的政治和思想文化成果，明确规定了我国的国体政体，根本制度和国家与社会的活动准则。以五千年文明发展史为社会大背景的现代中国，在中国共产党领导下经过长期奋斗才摆脱了贫穷、落后和受帝国主义压迫奴役的局面，它的宪法只能是社会主义的宪法，而不能是西方式的立宪体系和宪法。

历史一再证明，照抄别国的经验，跟在别人屁股后面亦步亦趋，最后吃亏的还是自己。中国有中国的国情，中国有中国自己宝贵的历史经验。三权分立、两党或多党轮流执政，在中国注定是要失败的。习近平同志在《关于〈中共中央关于全面推进依法治国若干重大问题的决定〉的说明》中讲了一段极为重要的话，值得我们认真记取——

全面推进依法治国这件大事能不能办好，最关键的是方向是不是正确、政治保证是不是坚强有力，具体讲就是要坚持党的领导，坚持中国特色社会主义制度，贯彻中国特色社会主义法治理论。

作为治国安邦总章程的当代中国宪法，理所当然地要彰显它的社会主义特色，彰显中国共产党的领导地位。这是社会主义法治的根本要求，是党和国家的根本所在、命脉所在，也是全国各族人民的利益所系、幸福所系，是全面推进依法治国的题中应有之义。方向正确，路走对了，才谈得上治国安邦，才谈得上国泰民安。

第二，宪法是我国的根本大法。

人们对宪法有种种称谓，有的称之为"法中之法"，有的称之为"母法"，有的称之为"根本大法"，这些说法虽然表面上有所差异，其实质是一样的，是说宪法是总揽全局的，其他一切的法，都是从宪法这个"母法"中滋生出来的一个个"子法"。

就拿我们的教育来说吧。作为母法，在我国的宪法上关于教育的法规性提法是很原则、很宏观的，宪法条文是这样写的："公民有受教育的权利。国家逐步增加各种类型的学校和其他文化教育设施，普及教育，以保证公民享有这种权利。"可是，为了实施宪法赋予公民的受教育的权利，有关行政部门会制定门类繁多的具体一点的教育法规。有《中华人民共和国教育法》《中华人民共和国义务教育法》《中华人民共和国义务教育法实施细则》《中华人民共和国职业教育法》《中华人民共和国高等教育法》《残疾人教育条例》《社会力量办学条例》《中华人民共和国教师法》《中华人民共和国未成年人保护法》《流动儿童教育条例》。这是国家一级的，各省、各市、各自治区还会根据地区的特点制定相关教育法规。此外，还有教育资源方面的法规，学校管理方面的法规，德育教育、体育教育、智育教育方面的法规，还有教育督导方面的法规。这些法规与宪法相关条款之间的关系，就是子法与母法之间的关系。

子法与母法之间关系的原则是子法不能违背母法。比如，宪法已经对公民的教育权作了肯定，可是，在日常生活中，明明违宪而我行我素的现象是时有发生的。这更进一步说明了提高宪法意识对建设社会主义法治国家是多么的重要和紧迫。

确立宪法的根本法地位，目的是为了维护社会主义法制的统一。我国是一个有着十三亿人口的、幅员广阔的社会主义大国，各种具体法规之多之丰富，是其他国家所不能比拟的。我国的社会主义法制是丰富多彩的，又是高度统一的，它最终统一于宪法。有些法规制定时，明确写上了“依据宪法某某条文制定本法”，有的没有写上具体所依的条文，但也必须有所依据，最低的极限是不能与宪法相抵触。中央文件说的“必须维护国家法制的统一、尊严、权威”，它首先指的当然是宪法基础上的统一、尊严和权威。

第三，宪法是全体公民行为的最基本准则。

不错，本质上说宪法是保护全体公民利益的。但是，为了让全体公民切身利益得到保障，首先要求全体公民都严格遵守好宪法所规定的最基本的行为规范和行为准则。因为在这些行为规范和行为准则中，本身就体现着公民的利益和要求。如果由于某些人的行为使这些基本准则受到破坏，那么实际上全体公民的权益也会受到极大的冲击，这是绝对不能允许的。

在法律面前，尤其在宪法面前，不可能也不允许有特殊公民。谁试图突破相关的法律底线，尤其是触犯宪法底线，谁就会受到法律的严正的制裁。在这一点上，是怎么也含糊不得的。在社会主义的中国，没有特殊公民。不管你的职位有多高，权力有多大，如果你违背了宪法原则，触犯了党纪国法，就要受到严正的处置。治国必先治党。党是我们这个社会主义国家的核心力量。按照党纪国法惩处像周永康这样的腐败犯罪分子，是党有力量的表现，也是依法治国、依宪治国历程中的一个伟大胜利。

在反腐问题上，以习近平同志为首的党中央提出"老虎苍蝇一起打"，这实在是大快人心的事。像周永康这样的大"老虎"要打，而那些官位不高、而贪欲极大的"苍蝇"也要打。在报端不是披露过这样的事实吗？一对普普通通的公安民警，通过为他人代办户籍、处理各类民事纠纷等途径，巧取豪夺了大量财物，这对小"苍蝇"，贪污金额竟高达亿元人民币。这是何等的触目惊心！这样的"苍蝇"不及时地打掉，其危害性不小于"老虎"。"老虎苍蝇一起打"昭示的是党中央依法治国、依宪治国的决心，昭示的是这样一个真理：宪法是全体公民的最基本的行为准则。不管你的社会地位高还是低，不管你手中的权大还是小，不管你是国家的干部还是普通的民众，你都得依法行事、依宪行事。谁要是触犯了法规，违反了宪法原则，那他都要承担他自己造成的法律后果。

拓展阅读

十三届全国人大一次会议通过宪法修正案和监察法，组建国家监察委员会，产生国家监察委员会领导人员，标志着国家监察体制改革取得重要成果。确立监察委员会作为国家机构的宪法地位，具有重要意义。

确立监察委员会的宪法地位，为反腐败向纵深发展提供了制度支撑。党的十九大报告对反腐败斗争形势作出判断并明确目标："人民群众最痛恨腐败现象，腐败是我们党面临的最大威胁……当前，反腐败斗争形势依然严峻复杂，巩固压倒性态势、夺取压倒性胜利的决心必须坚如磐石。"监察委员会就是反腐败工作机构，监察法就是反腐败国家立法。国家监察委员会组建和揭牌，标志着党和国家反腐败机构更加完备，监察对象扩大到"所有行使公权力的公职人员"，形成巡视、派驻、监察三个全覆盖的权力监督格局，形成发现问题、纠正偏差、惩治腐败的有效机制。

革命导师列宁曾经说过："宪法是一张写着公民权利的纸。"我国现行宪法也写着："一切权力属于人民。"既然宪法是彰显人民权利的，那么，我们作为人民大众中的一员，就应模范地实施宪法，勇敢地保卫宪法，与一切违宪违法的行为作斗争。再说，权利和义务是不可分割的。公民要享受宪法所赋予的权利，同时也要尽到宪法规定的义务。而遵守宪法和法律是一个公民最基本的义务。这一点，我们务必牢记在自己的心头。

面对宪法，“我宣誓！”

根据党的十八届四中全会的建议，十二届全国人大常委会第十一次会议作出了两项重大的决定。决定将现行的宪法的公布施行的日子 12 月 4 日设立为“国家宪法日”，而 2014 年的 12 月 4 日就是首个“国家宪法日”。同时，又决定建立“宪法宣誓制度”。这是两个鼓舞人心的决定。决定一公布，举国为之欢腾，人们共同的心声是：这是我国法制建设上里程碑式的大事件。

建立“国家宪法日”的意义，可以用人民大众虽说浅显却十分贴切的三句话来表示，那就是“国家宪法日”是宪法宣传日，是宪法知识普及日，是宪法价值体验日。

同学们积极参加宪法宣传周活动

我们先来说“国家宪法日”是宪法宣传日。

为何要建立国家宪法日，国家宪法日为何选在 12 月 4 日这一天，大多数人原先不太知道，通过第一个国家宪法日的宣传，大多数人明白了，清楚了。实际上，“12 月 4 日”本身就是一部历史，一部充满着曲折与风波，而又在不断奋进的历史。从我国的第一部社会主义宪法诞生至今，在六十多年中，我国一共制定了四部宪法，其历程之艰难真是难以言喻。

在这期间，曾经经历过把宪法不当回事的“文革”岁月，曾经经历过“《宪法》也保护不了国家主席”的奇特而辛酸的故事。

人们在深思，人们在反省，一个社会主义国家，如果失去了宪法的尊严，那社会将会乱成怎样的局面，人民将会遭受怎样的苦难，国家将会衰微到怎样的地步。

人们从心底里呼唤着：新生的社会主义国家需要一部符合中国国情的、切实保护全体公民利益的宪法。

在民众心的呼唤下，1982 年 12 月 4 日，我国的现行宪法终于横空出世了！人们记住了这部“八二宪法”，同时也记住了它的生日：12 月 4 日。

把“12 月 4 日”作为“国家宪法日”，是要人们记住历史，记住历史的经验，也记住历史的血的教训。年轻的朋友们，你记住了吗？

社会调查

查阅相关文献资料，走访法律工作者，以“我记住了，12 月 4 日”为题，写一篇调查小报告，以表达自己对宪法的崇敬。

“国家宪法日”也是宪法知识普及日。

对广大民众来说，是有很多宪法知识需要普及的。比如，什么是中国特色社会主义宪法，它与西方资本主义的宪法有何本质区别？我国宪法规定的国体和政体是怎样的，它有哪些鲜明的优点？我国宪法规定的公民基本权利有哪些？我国规定的公民基本义务有哪些？它与资本主义国家规定的公民权利和义务有哪些本质的区别？这些知识都需要我们通过建立“国家宪法日”这一契机加以普及和提高。

第一个“国家宪法日”到来的时候，全国上下都动起来了，不少单位开展了宪法知识报告会、座谈会、讨论会，使大家经受了一次生动活泼的宪法知识教育。就是在祖国广大的农村，也通过阅读书报、观看电视和相关文艺作品下乡等形式接受了一次宪法知识的教育。有专家认为，通过“国家宪法日”进行宪法知识普及，声势大，力量集中，效果也是比较显著的。

“国家宪法日”也是宪法价值的体验日。

由于认识上的偏差，一些人存在着“法律较近，宪法较远”的错觉，认为违反刑法、民法、民事与刑事诉讼法将受到法律的制裁，而以为违反宪法的行为不会受到法律的追究。这次“国家宪法日”的宣传教育，是对这种“只怕违法，不怕违宪”的错误思想观念的极大冲击。既然一切的法都是受宪法管着的，那么怎么可能说“违宪不违法”呢？既然说“宪法是人民权益的保障书”，那么怎么可以说宪法离我们很远呢？

这里讲个实际一点的例子。

拓展阅读

在中国近代史上，甲午一败，举国震惊，当时中国的知识分子首先提出了“医药救国论”。梁启超痛陈“强国必先强种，强种必先强身，强身必先强医”。要“强医”，这个道理大家是同意的，但是，何谓“强医”，看法就很不同了。当时有一批抱有偏见的人认为中医迷信、不科学，主张废除中医，只用西医。1913 年当时的北洋政府教育部颁发大学课程，分为文、理、法、商、工、农、医，把“医”解释成西医，这就是中国历史上著名的“教育系统漏列中医案”，引起全国震动，19 省市中医界代表及各界志士组织“医药救亡请愿团”，上街游行，并向当时的政府请愿抗议。这场关系到民众身心健康和怎样对待民族传统文化的斗争，一直延续到全国解放后。1950 年中央召开全国第一次卫生工作会议时，有一部分人提出了“废止旧医（即中医）”的提案，而中医界代表准备愤然退出会场，这时，毛泽东主席写下了“团结新老中西各部分医药卫生工作成员，组成巩固的统一战线，为开展伟大的人民卫生工作而奋斗”的题词，这为中西医的互补和结合定下了基调。最为重要的是，正如高晞先生在《地理大发现后的“中医西传”》一文中说的：“全国解放后，发展中医有了宪法的保障。”（见《文汇学人》2015 年 9 月 17 日）原来在我国的“八二宪法”的第二十一条中明确写下了这样一段文字：“国家发展医疗卫生事业，发展现代医药和我国传统医药，鼓励和支持农村集体经济组织、国家企事业组织和街道组织，举办各种医疗卫生设施，开展群众性的卫生活动，保护人民健康。"有了宪法中的这样一段话，一锤定音，中医事业就蓬蓬勃勃地发展了起来。在21世纪科学昌明的今天，中医不但没有凋零，相反在全世界160多个国家和地区广为传播，这在全世界是绝无仅有的。这也是我国宪法"为民作主"结下的硕果。

这一案例清楚地告诉人们：宪法的价值就是为全体公民谋利益。宪法离我们远吗？一点也不远。宪法就在我们身边，宪法就在我们心中。

十二届全国人大常委会第十一次会议作出的另一项重大决定，就是建立宪法宣誓制度。这也是全国人民政治生活中的一件大事。

建立宪法宣誓制度，是世界上大多数有成文宪法的国家所采取的一项制度。在全世界142个有成文宪法的国家中，规定相关国家的公职人员必须宣誓拥护或效忠宪法的就有97个。可见，这是世界大多数国家的通例。向宪法宣誓的国家中，有的是写在了自己国家的宪法文本中的，有的则不写，只是一种习惯性的约束和仪式。如美国宪法在第二条第一项中规定，"总统应在执行其职务之前，作下列的宣誓或代誓的宣言：余谨庄重地宣誓（或郑重申明），愿以忠诚执行合众国的总统职务，并尽最大的努力维护、遵守、保卫合众国的宪法"。总统这样宣誓，下属的官员也照此办理。

当代中国设立公务员宣誓制度，既吸收了世界文明发展的相关成果，又是中国传统礼仪文化的继承和发展。中国是礼仪之邦。在诸多规范礼仪化方面，有着源远流长的传统。在传统社会中，凡是新官上任，都会有隆重的仪式，任职者也会宣誓效忠。这种传统自有它的合理成分在里面。这次全国人大常委会在决定建立"国家宪法日"的同时，作出了这样的明确决定："凡经人大及其常委会选举或者决定任命的国家工作人员，正式就职时公开向宪法宣誓。"

知识窗

全国人民代表大会常务委员会关于实行宪法宣誓制度的决定（节选）

宪法是国家的根本法，是治国安邦的总章程，具有最高的法律地位、法律权威、法律效力。国家工作人员必须树立宪法意识，恪守宪法原则，弘扬宪法精神，履行宪法使命。为彰显宪法权威，激励和教育国家工作人员忠于宪法、遵守宪法、维护宪法，加强宪法实施，全国人民代表大会常务委员会决定：

一、各级人民代表大会及县级以上各级人民代表大会常务委员会选举或者决定任命的国家工作人员，以及各级人民政府、监察委员会、人民法院、人民检察院任命的国家工作人员，在就职时应当公开进行宪法宣誓。

二、宣誓誓词如下：

我宣誓：忠于中华人民共和国宪法，维护宪法权威，履行法定职责，忠于祖国、忠于人民，恪尽职守、廉洁奉公接受人民监督，为建设富强民主文明和谐美丽的社会主义现代化强国努力奋斗！

按照我们的理解，公务员宣誓制度不只是简单的法制礼仪化的问题，它至少体现了下述三个方面的观念。

宣誓制度彰显了宪法的权威。

长期以来，中国崇尚的是“人治”，而不是“法治”。一个时代不好，是乱世或大乱世，人们往往归结为帝王将相的腐败无能。人们盼望出现治世，同希望出现一个好皇帝是一致的。现在时势完全不同了。任何一个公职人员的工作业绩，与他本人的工作能力有关，但更为主要的是他能否依法治国，尤其是是否能依宪治国。这样看来，治国的权威不在于人，而在于宪法。如果公职人员能时时处处以宪治国，那么，国家的治平是毫无疑问的。相反，一味我行我素，忘记宪法原则，那么你的本事再大，也是不可能成功的。

宣誓制度激励公职人员忠于和维护宪法。

在这里，个人才华的发挥，忠实维护宪法权威，为最广大的人民群众谋福祉，三者是统一的。要使自己的才华真正得到发挥，就得尽忠于宪法，全心全意地维护宪法的权威。同时，维护宪法权威的过程，实施依法治国的过程，也是最大限度地为民众谋福祉的过程。一个好的或者说称职的公务员，也是一个全身心忠于宪法的人。

宣誓制度有利于在全社会增强宪法意识和树立宪法权威。

"国家公职人员正式就职时公开向宪法宣誓。"请注意，这里说的是"公开向宪法宣誓"。为何要强调"公开"？一是通过公开，可以强化群众的监督。你说要效忠于宪法，行动呢，广大群众正看着呢！二是通过公开在全社会强化宪法观念。事实上，一个社会的宪法观念是否强，不是看几个干部，而是看广大的民众。全社会都有了很强的守法意识，反过来对干部也有促进和约束作用。

依宪治国的历史跨越

中国人民走过近代百年的屈辱，经过新中国六十余年发愤图强的奋斗，迎来了民族复兴的曙光。今日中国已经行进至实现现代化关键一跃的历史节点。站在这一历史节点上，中国面对改革发展稳定任务之重前所未有，矛盾风险挑战之多前所未有，人民群众对法治要求之高前所未有。

近代以来，中国的一些志士仁人做过一次又一次的法治梦，对厉行法治进行过多次的探索。然而，从康有为、梁启超领导的戊戌变法的失败，到孙中山领导下《中华民国临时约法》的被废除——法治未曾在中国得以践行。直到中华人民共和国成立，才为社会主义法治奠定了根本的政治制度和社会基础。

从 1954 年制定新中国第一部宪法，到改革开放重启"法律之门"；从中国共产党的十五大确立依法治国基本方略，到 2010 年中国特色社会主义法律体系的形成，我国在长期治国理政的实践中，探索出了一条独具特色的法治建设道路。这条社会主义法治道路的要义包括三个方面：一是坚持中国共产党的领导；二是坚持中国特色的社会主义制度；三是贯彻中国特色社会主义理论，明确依法治国首先是要依宪治国。

对我国现行宪法怎样评价，习近平主席在首个国家宪法日当天给出了明确的回答："我国宪法是符合国情、符合实际、符合时代发展要求的好宪法，是我们国家和人民经受住各种困难和考验，始终沿着中国特色社会主义道路前进的法制保证。"我们有这样一部好宪法，那是全国人民的福祉，是中华民族的福祉。当下最大的任务是推动全面贯彻实施宪法，实现依法治国、依宪治国的历史性的伟大跨越。

关键的问题在于宣传和教育。正像党的十八届四中全会指出的，要在全社会开展宪法教育，弘扬宪法精神，使宪法成为国民的共同信念，使宪法成为全体公民的普遍信仰，形成遇事找宪法、解决问题靠宪法的社会风尚。

要把弘扬宪法精神与公民的家庭生活、学习生活、职业生活、社会公共生活联系起来，学会用宪法来保护自己。

拓展阅读

曾经发生过这样一件事：一位年轻女性到某超市去购物，购物结账后，她准备走出超市栏杆了。可是，她经过超市的监控器时，监控器突然大声鸣叫起来，于是，她莫名其妙地以盗窃的罪名被带到了超市的一间检查室。在检查室里，她一再辩称自己没有私藏私拿任何超市的物品，可是，超市的保安硬是要对她实施搜身。她马上表示了抗议，并强调对方这样做是违法违宪的。可是，对方还是不依不饶，说不"搜"一下不足以表明她的清白，前后一共折腾了六个小时，在一无所获的情况下保安才罢休。事后，超市自知理亏，要求以赔钱的形式"私了"。这位女性是有宪法意识的，拿出宪法上的第三十八条"中华人民共和国公民的人格尊严不受侵犯"这一条款把超市告上了法庭。她在没有私自拿超市任何物品的情况下，被超市人员强加以盗窃的罪名，并在男性保安在场情况下进行脱衣搜身，严重侵犯了她的人身权利。另外，宪法还明文规定"中华人民共和国公民人身自由不受侵犯"，超市无故扣留她六个多小时，侵犯了她的人身自由权。她以这两项罪名状告超市。法院受理了这宗案件，最后法院在认定当事人无过失、监控器鸣叫是器械故障所致后，超市相关责任人都受到了应有的法律惩处，并处以高额的罚款。

思考

1. 如果你遭遇到这样的案例，你会怎样处置？ 2. 想一想，在日常生活中，你是否遇到过类似的事件，你是如何处置的？

事实上，这不只是维护一个人的尊严的问题，从根本上说，它是涉及维护宪法尊严的问题。如果类似的问题不依法处置，那么，宪法的尊严何在？人民权益的保障何在？所以，让宪法成为一种普遍的信仰，是法治建设过程中的一个根本性的问题，是一点也粗疏不得的。

与依法治国、依宪治国紧相关联的，是把依法治国与以德治国结合起来的问题。我国历来有“德治”的传统，现在强调“法治”，并不是说以德治国的传统可以弃之不用了。相反，我们应该弘扬中国历来的“德治”传统，并在新的历史条件下赋予新的生命和内涵。在《中共中央关于全面推进依法治国若干重大问题的决定》中，有这样一段值得我们每一个共和国的公民认真细读的文字：

坚持依法治国和以德治国相结合。国家和社会治理需要法律和道德共同发挥作用。必须坚持一手抓法治，一手抓德治，大力弘扬社会主义核心价值观，弘扬中华传统美德，培育社会公德、职业道德、家庭美德、个人品德，既重视法律的规范作用，又重视发挥德育的教化作用，以法治体现道德理念、强化法律对道德建设的促进作用，以道德滋养法治精神、强化道德对法治的支撑作用，实现法律和道德相辅相成、法治和德治相得益彰。

《决定》在部署法治工作的基本格局时，讲到了科学立法、严格执法、公正司法、全民守法等方面的问题，这些问题的解决，都既有法治的问题，又有德治的问题，很多问题都涉及人的素质的问题。比如人民大众深恶痛绝的政府部门在执法过程中有法不依、执法不严、违法不究甚至以权压法、权钱交易、徇私枉法等突出问题，绝不只是法律素养的问题，大量的是道德品格上的问题。也就是说，道德素养差的人，只要条件成熟，最容易突破法律底线，走上违法犯罪的道路。还有司法领域存在的作风不正、办案不廉、办金钱案、办关系案、办人情案等现象，既是法治上的缺失，又是德治上的问题。因此，从中国的国情出发，要坚持依法治国和以德治国相结合，提高全民族法治素养和道德素质。

讲到依法治国和以德治国相结合，就会让人想到一个普通但又不平凡的中国工人——李斌。

李斌他没有读过正规的大学，只是机电一局的技校生，后来数度出过国，可是其名义只是“打工”，而他抓住国外打工的机会，学技术，学本领，学得了许多国外高级工程师都学不了的技术和本领。他工作扎扎实实，小心翼翼，他笑着说自己：“我胆子比较小，如果哪件产品没做好，会内疚好长一段时间。”这里说的“胆子比较小”，与中国传统文化中的“如履薄冰，如临深渊”的谨慎心态有点相似，是一种极为高尚的道德素养。这样的“胆子比较小”既可说是法治的要求，又是德治的准则。

在上海电气集团，传诵着李斌这样几则“胆子比较小”的故事。

当初准备成立液气公司制造基地，在浦东金桥投资了 1.9 亿元。但是，投资后出不了新的产品，这样企业就变得很困难。后来从美国引进了一批新产品，但调试时又出了问题。幸好这时懂这方面技术的李斌赶到了，一下解了燃眉之急。李斌的功力一下引起了美方人员的注意，愿意出比他原单位高数倍的工资把他从中国企业中挖走。这时，他却说：“自己现在取得的成绩，不是光靠自已努力，还要靠机遇，而这种机遇是靠企业提供的。人家对你好，我一定要记恩，我不能走。”有人说他还是“胆子比较小”，他承认。而这种胆小中，又包含着很大的德行含量，是不是？

人往高处走，这是千百年来人们形成的共识。而李斌似乎有点儿特殊，他最怕的是“往高处走”。他感到做一个普普通通的工人没什么不好。每当遇到上海电气集团的领导找他谈话，还没说上几句，他就会像给领导打预防针似的说：“你们不要动脑筋把我调走啊！”他说，把他往高处调，那是他最怕的。每天穿着蓝色的工作服，在自己熟悉的车间里“救火”，在车床、铣床、磨床边兜几圈，与工友们一起聊聊生产中的技术难题，那是他最舒坦的。而把他往上调，“悬”在那里，于心不安。这也是一种“胆小”，而事实上又与不争名不争利、安于本职工作紧紧联系在一起的。

新千年初，上海电气液压泵厂这个背负沉重历史包袱的老国企，尚未走出全球金融危机的寒冬。出于对李斌的信任，厂领导作出了一个大胆的决定，给他一个头衔、给他一个平台、给他一个支撑，把厂里宝贵的1000万元流动资金全权交给他，成立“李斌工作室”，由他领衔研发新产品。可是，他这个“千万富翁”实在是吝啬，当一家响当当的刀具厂愿以最优惠的价格卖给他优质刀具时，他却考虑起了以优质钢材自制刀具。几年间，他自己研制刀具180余把，花费仅10万元，而按最低市场价计算这些刀具也值830万元。面对千万元的巨额公款，他“胆小”地不敢乱花一分钱。这是怎样的一种“胆小”啊！

从李斌这样的新时代“创新型工人”身上，我们看到了法治精神和德治精神在他身上的完满结合。钱，谁不爱？可是，在李斌身上我们看到了中国传统社会宣扬的“君子爱财，取之有道”观念的闪光。也看到了当代社会廉洁奉公精神的光芒。谁说李斌不爱钱，从他这个“千万富翁”从不愿意乱花一分钱可以看出，他首先爱的是集体钱财的增长，他爱的是国家的强和民众的富，然后想到的才是自己。他用自己崇高的德性“治”理着自己的企业，也用自己严格的守法精神垂范于整个社会，为社会作出了光辉的榜样。

当代中国公民的一项最基本的素养就是，既敬畏法律，又重视德化。法律是刚性的，道德是柔性的，二者兼而有之，并融为一体，刚柔相济，这正好符合中国传统社会的“中庸之道”。

调查研究

在《中共中央关于全面推进依法治国若干重大问题的决定》中，说道：“坚持依法治国和以德治国相结合。国家和社会治理需要法律和道德共同发挥作用。”请做一些社会调查，研究一下：

1. 从当代中国看，“依法治国和以德治国相结合”表现在哪些方面（可以采用电视、报刊上的资料，也可汲取现实生活中的资料）？

2. 结合学校的教育实际，谈依法治校和以德治校相结合的问题（可以用学校、班级里的材料，也可谈自己的体会和设想）。

3. 根据自己的调查研究，写出一份一千字左右的调查报告，再以班级或年级为单位进行一次交流活动。

第三课 人人肩头都有一副法治的担子

2014年10月23日，对中国来说是一个历史性的日子。就在这一天，具有伟大历史意义的党的十八届四中全会降下了帷幕，发布了被世人称为“中国依法治国升级版方案”的新闻公报。

“法治”是党的十八届四中全会的核心词。围绕着“法治”这一词汇，形成了许多依法前行的新思想、新观点：“法治文化建设”“法治国家思维”“法治体系”“法治轨道”“法治国家”“法治政府”“法治社会”“法治能力”“法治特色”“为建设法治中国而奋斗”……

法律是治国的重器。为了实施依法治国、依法执政、依法行政的共同推进，为了坚持法治国家、法治政府、法治社会的一体建设，十八届四中全会在提出一系列新思想、新观点的同时，在完善立法体制、推进科学民主立法、强化监督制度等方面又提出了诸多新举措。法律的权威在于实施。“天下之事，不难于立法，而难于法之必行。”党和人民以抓铁有痕、踏石留印的决心实施依法治国，这使举国上下为之一振！

建设社会主义法治国家的基础在于法治社会的建设。法治是全民的事，要使法治落实到社会的每一个角落，我们每一个公民就都要肩负起法治这副担子。十八届四中全会公报中这样一段话值得我们每一个公民永远牢记：

“法律的权威源自人民的内心拥护和真诚信仰。人民权益要靠法律保障，法律权威要靠人民维护。必须弘扬社会主义法治精神，建设社会主义法治文化，增强全社会厉行法治的积极性和主动性，形成守法光荣、违法可耻的社会氛围，使全体人民都成为社会主义法治的忠实崇尚者、自觉遵守者、坚定捍卫者。”

是的，这是每一个共和国公民应有的品格。

让我们都来学做社会主义法治的忠实崇尚者。

让我们都来学做社会主义法治的自觉遵守者。

让我们都来学做社会主义法治的坚定捍卫者。

——题　记

法治的忠实崇尚者

一个合格的中国公民，他首先应该是法治的忠实崇尚者。他坚定地相信，在中国，甚至在整个世界，法治兴则国家兴，法治衰则国家乱。法治是我们国家和民族的希望所在。

自有人类社会以来，有两种最基本的国家和社会治理方略：一种是人治，一种是法治。所谓人治，就是由某些个人的意愿来决定国家社会的治理方略、手段和途径。这种人治的模式在中国历史上曾经长期占主导地位。也就是说，在整个国家中，帝王一人说了算。在中国的古代社会，帝王自称“予一人”，意思是，我是天下第一人，大家都得听我的。《书·汤诰》：“王曰：嗟，尔万方有众，明听予一人诰！”翻译成现代汉语就是：汤王说，大家都听着，来自各地的民众啊，你们都要听从我的指挥和教导，不得违抗。这就是“予一人”称谓的由来，后来统治中国数千年的那些国君和帝王，也都取“予一人”的治国方略。有少数开明的君主，如唐太宗李世民，说“君，舟也；人，水也。水能载舟，亦能覆舟”，主张要听听民众的意见，但其主旨还是“予一人”。这种观念也浸染了不少的中国民众。在一些中国民众心目中，只要有了善治的“真命天子”，有了一心为民请命的“清官大老爷”，就可以“万象更新”“天下治平”了。这种对人治的“迷信”，也充斥在中国的一些小说、诗歌中，甚至在今人编制的一些电视剧作品中也有意无意地渲染了“人治”观。

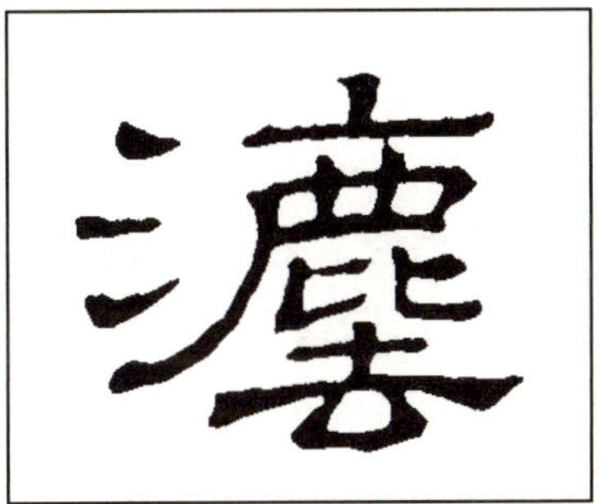

拓展阅读

中国传统上只有法律文化，没有法治文化。中国在夏、商时期就有了法律，先后制定过“禹刑”“汤刑”等，法律文化也就产生了。这种法律文化是在专制、人治下的文化，与法治文化差别很大，其以人为权威，对君主没有约束力，存在等级特权制度，以不平等为前提，都与法治文化相悖。中国现在要全面推进依法治国，就需补没有法治文化的不足。

——《上海理论界学习〈中共中央关于全面推进依法治国若干重大问题的决定〉笔谈》，见《文汇报》2014年11月27日

读了这段文字，想一想：1. 你对中国传统社会在治国理政问题上有些什么新的认知？ 2. 从现代的法治观看，像《乾隆微服私访记》这样有很大影响的电视剧的致命缺陷在哪里？

在《中共中央关于全面推进依法治国若干重大问题的决定》中，要求我们“全体人民都成为社会主义法治的忠实崇尚者”，应该说是有着强烈的针对性的。应该承认，传统对人的思想的渗透是无孔不入的，甚至是潜移默化、不知不觉的。而要建设法治国家和法治社会，又必然要求“全体人民”走出“人治”的窠臼，以法治的理论、观念武装自己。这从道理上讲似乎并不困难，而要真正实施起来就很不容易。

拓展阅读

河北一个分配水的“小官”，贪污上亿元，贪得黄金37公斤，房产68套，令人触目惊心。受贿的不说，那些送礼、送钱、送房产的人，绝大多数根本没有法治的观念，有的只是所谓的“人情”和“礼尚往来”，不少人心里总在想：“我对这个顶头上司好一点，他总会对我不错的吧！”思想上占统治地位的不是“法治”，而是“人治”。这就看出，人们要真正走出“人治”多么的不易。在中央的《决定》中用了“法治的忠实崇尚者”一词，值得我们深思。而要对法治“忠实”和“崇尚”，一个先决条件就是要

走出中国社会根深蒂固的“人治”窠臼，走出世俗的“人情”观，走出低俗的“礼尚往来”。

做法治忠实的崇尚者的过程，也是一个不断学习的过程。对每个公民来说，法治意识的学习任重道远，套用一句习总书记的话来说，就是法治观念的学习“永远在路上”。青少年要学，成年人也要学，连老年人也应该学。公务员要学，普通老百姓也要学。不学，就有可能落伍，就有可能栽跟头。中央的《决定》说得很明白：“推动全社会树立法治意识，深入开展法治宣传教育，把法治教育纳入国民教育体系和精神文明创建内容。”在这个学习过程中，青少年学生更应走在前面。因为青年人是社会的生力军，对他们来说，生命的途程正长，未来的法治国家和法治社会主要靠他们来创建。这样看来，青少年法治意识的确立显得更加重要和迫切了。

法治意识中的着力点是人民主体意识。法治中说的“治”不是要去束缚民众的手脚，而是为了使人民得到解放，更好地放开手脚去实现中华民族伟大的复兴梦。法治的主体是人民。法治建设为了人民，依靠人民，造福人民，保护人民，以保障人民根本利益为出发点和落脚点，保证人民依法享有广泛的权利和自由，承担应尽的义务。只有牢固地树立了这样的法治观念，你才可能成为一个法治的忠实崇尚者。

2014 年 7 月 30 日，国务院发布的法制性文件《关于进一步推进户籍制度改革的意见》，宣布取消农业和非农业户口，建立城乡统一的居民户口。这是户籍改革的破冰文件，不仅宣告了城乡二元的户籍制度的寿终正寝，而且使城乡居民先撕掉城乡户籍的标签，再逐步缩小福利待遇的差距，逐步实现公共服务的均等化。其中一项重大的发明，是“居住证”制度，这是由非居民向居民过渡的中间工具，过渡期间的福利待遇，将以居住证为载体。这份文件还强调了保护农民的“三权”——土地承包经营权、宅基地使用权、集体收益分配权，使进城落户的农民大大减少了风险。新一轮改革元年的这样一项法治举措，再明白不过地彰显了“法治建设为了人民、依靠人民、造福人民、保护人民”的社会主义特质。

2015 新年伊始，上海市委历时一年调研公布了一号课题成果——

《关于进一步创新社会治理加强基层建设的意见》，对深化街道体制改革、完善居民区治理体系、完善村级治理体系、社区工作者管理、组织社会力量参与社区治理、深化拓展网络化管理提升城市综合管理效能等方面提出一系列法治举措。“一号课题”强调创新，机制和观念的创新。在观念的创新中，强调人民的福祉。“一号课题”把人民群众愿意不愿意，生活得幸福不幸福、满意不满意、开心不开心，放到了极其重要的位置上。这些也正是法治社会的主旨之所在。

社会主义法治的主体是全体人民。实施法治是为了人民、造福人民、保护人民。要求共和国的每一个公民当好法治的忠实的崇尚者，正是基于这一法治观念之上的。崇尚法治，就是信仰法治，相信通过法治会给人民带来幸福，会给社会带来安定，会给国家带来强盛。

法治的自觉遵守者

“法治的自觉遵守者”这个提法，真可说是力重千钧。作为一个现代公民，守法重在自觉。公民有了遵守法规并进而参与社会主义法治建设的自觉性，整个社会风貌就会为之一新。

当一个公民真切地认识到自己是社会主义法治的主体，社会主义法制的主旨是保护人民、维护全体人民的根本利益的时候，他就会自觉自愿地去遵纪守法。当一个公民认识到民族的复兴、中国梦的实现、人民生活的改善一点也离不开社会主义法治的时候，他就会义无反顾地投身于法治的伟大事业中。

有这样一个优秀的法律工作者，他曾被评为全国人民法庭优秀法官和平安英雄，现在，七十多岁的他业已退休在家，可是，他依旧是个闲不住的法治工作者。他在自己的家中办起了小小的“法治知识图书室”，图书室中陈列着上千册法制类的书籍。凡是本社区的居民都可以免费到这个图书室中去阅览，并免费供给茶水。后来邻近社区的居民也加入了阅读者的行列，他也是来者不拒，热情接待。他还与社区组织联手定期在这个图书室中举办法治讲座，主动回答社会上存在的实际问题。他还热情地、分文不取地帮助居民妥善处理了家庭财产分割、财产拍卖等法律问题。他把自己退休金中的一半以上花费在义务服务上。当有人称赞其“无私为民服务”时，他的回答却是：“关键是对无私该怎么理解。我自己其实有时也会考虑到自己晚年生活的平安康健，考虑到自己的子孙后代的幸福美满，但想得更多的是我们整个社会主义大家庭的平安、和谐、友善，要公私两者兼得其利，就感到自身自觉地投身于法治建设是义不容辞，而且是十分值得的。”

这位老人的话说得多好啊！社会主义法治是每一个中华人民共和国公民自己的事，正因为如此，我们应该成为法治的自觉遵守者。

思考

读了上述那位退休法律工作者的事迹，你一定会油然而生敬慕之心。1. 这位退休的法律工作者身上哪些精神是最值得你学习的？ 2. “社会主义法治是每一个中华人民共和国公民自己的事”，请说说你对这句话的理解。

要使我们的公民都成为法治的自觉遵守者，还有很多具体的工作要做。

第一，形成有法可依的社会环境。

经过长期的努力，尤其是十一届三中全会以来的不懈努力，到 2010 年，社会主义法制体系基本建立起来了。但是，由于历史和现实的种种原因，我国的法制建设还远远没有完备，尤其与建设社会主义法治国家的要求比较起来，差距还甚远。一些不法分子，就是钻了法制某种缺失的空子，大肆进行违法犯罪活动的。为了给建设法治国家提供基本的保障和依据，为了使每一个公民更加切实地有法可依，我们必须不失时机地完善法制，为民众构建有法可依的社会环境。

从 2015 年 1 月 1 日起，我国有一大批新的法律规章出台。其中依据习总书记“绿水青山就是金山银山”思想制定的建设“美丽中国”的新《环境保护法》使人眼前一亮，一出台，就被业内人士称为：史上惩治力度最大的环保法，史上执行力最强的环保法。一位散文大家这样写道："为了一棵树的尊严，为了一朵花的芬芳，为天空代言，为河流请命！为了更多人的幸福，大家共同努力，用一部法律的修订，去护卫一片青山绿水！"

大家一定很想知道，这部新修订的环保法，它的惩治力度"大"在何处？执行力"强"在哪里呢？这部新环保法有三严：一是对企业要求更严，首次规定了"按日计罚"的严厉措施，一年365天，哪一天违法了都要付出相应的违法成本。二是对地方政府要求更严，明确了环保直接与干部考评挂钩，这对分管环保工作的相关干部是一个很大的制约和警示。三是对监管部门要求更严，列举了九种失职渎职行为，并规定了严厉的行政问责措施。严法应时而出，既反映了党和政府铁腕治污、猛药去疴的决心与力度，也为公民的自觉守法提供了明确的尺度。

自觉守法与完善法制是不矛盾的，相反，是相辅相成的。完备与严格的法制为人们提供了严肃、正规、细致的行为准则，有利于公民参与法治自觉性的提高。而公民参与法治自觉性的提高，又有利于监管法制的执行，并使社会主义法治日臻完善。

第二，树立公民守法是"常规"也是"长规"的观念。

作为一个中国公民，人人肩头都有一副法治的担子。这副法治的担子，是每个人都得承担的，只不过有的人担得好些，有些人担得不好罢了。

你在任何场合，都会担着法治的担子，这叫"常规"。请想一想，你一天中的衣食住行，哪一件离得开法治这个课题？你是个学生，学习是公民的权利又是公民的义务，是否好好学习，本身就涉及是否守法的问题。到学校学习，就会有新的人际关系，比如同学关系、师生关系，这中间会有道德问题，也会有法律问题。某职业学院内，女学生朱某伙同另外四名女被告人在学校宿舍楼内，采取恶劣手段，无故殴打、辱骂两名女学生，并拍摄视频。造成二人轻微伤，辱骂他人情节恶劣，侵犯了公民的人身权利，严重影响公民的正常生活，破坏了社会秩序，已构成寻衅滋事罪，且系共同犯罪，依法应予惩处。鉴于五名被告人实施犯罪时均未满十八周岁，在被羁押后均能如实供述自己罪行，并考虑到五名被告人的父母积极赔偿被害人的经济损失，且取得了被害人谅解，依法对五名被告人从轻处罚。最终，法院依法判决被告人朱某犯寻衅滋事罪，判处有期徒刑一年。被告人赵某、李某、霍某、高某犯寻衅滋事罪，分别判处有期徒刑十一个月。未成年人实施暴力伤害，同样不能逃避刑法的制裁。至于你出行在外，穿行马路时，是否遵循“红灯停，绿灯行”的要求，也是个守法或违法的问题。连学习期间的外出租房，如为了省钱住进了所谓的“群租房”，那也是属于违法之举了。你当上了工人、农民、商业工作者、医务工作者、科学家、工程师，生活中都会有相关的法律法规等着你。在法制社会中，生活中不会有无法制管辖的真空地带。公民守法是常规。

公民守法也是长规。不管你活到多大年岁，守法问题贯穿人生的始终。一位颇有学养的高级知识分子，在自己的专业领域里，成绩卓著，受到同行的一致赞赏，那些年轻的学子也对他崇敬有加。可是，在一次家庭纠纷中，他突然失去了理智和耐心，鬼使神差地把自己的爱人砍成了重伤。一时感情的冲动使他站到了法律的对立面，从此他将要忍受漫长的铁窗生涯。在法律法规面前“晚节不终”的绝不是个案。个别当官者中所谓出现“五十九岁现象”，具体原因可能是多种多样的，而晚年对自律的松懈是一个根本性的原因。可见，树立终生守法的观念，对每一个公民来说，是多么重要。我们都得警惕啊！

第三，养成从我做起、从小事做起的守法习惯。

中国有一句俗语，叫做“习惯成自然”。一个人，养成了随时随地守法的习惯，那是享用终身的事。有位著名的教育家说：“学习就是培养良好的习惯。”在人的一生中，中小学时期形成的学习习惯、生活习惯、道德行为习惯、遵纪守法习惯，那是一辈子受用、一辈子忘不了的。在我们建设法治国家的过程中，愿我们的中小学生能为树立守法习惯打下坚实的基础。

《中共中央关于全面推进依法治国若干重大问题的决定》中说，“人民是依法治国的主体和力量源泉”，这个主体落实到公民个体，就是一个个活生生的“我”。如果一个个具体的“我”都能遵纪守法，法治就会有新面貌和新景观。中国人历来有“天下兴亡，匹夫有责”“天下事皆吾分内事”“匹夫而忧天下，无位而论世事”这样的大胸怀。我们这些“匹夫”只要把建设法治国家实实在在地看成是自己的职责，自己的分内事，虽是“无位”的普通百姓，也会心忧天下。既然法治建设的成败关系到民族复兴的大业，关系到全体中国民众的幸福和未来，那么，作为中国公民中的一员，就只有投身其中的责任，而没有任何推诿退缩的理由。

拓展阅读

中学生小强，家住在偏远的城乡接合部。临近春节的一天，他放学回家时，看到邻家李姓叔叔家里人来人往，热闹而忙碌。出于好奇心，他凑过去张望了一下，发现这些人正在运送烟花爆竹，他问那位李叔："运到家来那么多烟花爆竹，啥用场呀？"李叔神秘地笑笑，敷衍着说："玩玩，玩玩！"随后几天，李叔家继续人来人往，那些烟花爆竹也搬进搬出。这时，小强就怀疑李叔是在非法售卖烟花爆竹。他记起法制课上老师说过，国家明文规定："居民必须到持有许可证的销售点购买烟花，合格的烟花爆竹商品上都贴有防伪标贴"，"个人不得私自销售不合格的烟花爆竹"。小强心想，这可不是件小事，就把这事告诉了父母。起先父母说："小孩子，这样的闲事不要去管，免得把邻里关系搞坏了。"他对父母说："这可不是什么闲事，而是事关遵纪守法的大事，那么多不合法的烟花爆竹卖出去，存在很大的安全隐患。"父母觉得儿子说得有理。第二天，小强向公安机关报了案。公安机关在李叔家没收了非法烟花爆竹2000余箱，消除了一大隐患。

思考

"自觉遵守法治规范"，这是一个实实在在的法治命题，也是一个我们经常会遇到的现实问题。在公共场合，当你看到一些违反法律的行为时，你会怎么做？看了上述案例，对你有何启示。

所谓从我做起，除了上述说到的遇事挺身而出外，还有一层意思，就是自己首先要学习遵纪守法。在生活中，我们天天都会遇到各种各样守法还是不守法的抉择。

遵纪守法习惯的养成，也是从小事积累起来的。不愿干小事的人，根本就成不了大事。雷锋是我们时代的伟大榜样人物，他的伟大就表现在做好一件件看起来不起眼的小事上。当年学雷锋，有一句话就不知感动了多少人，叫做“雷锋出差一千里，好事做了一火车”。火车上那么多陌生人，雷锋尽己所能地帮他们，一件件都是小事，但其中蕴含的却是助人为乐的精神。参与法治也是这样，既然我们是法治的主体，是社会的主人翁，那么我们就首先要把自身遇到的一件件“小事”做好。

法治的坚定捍卫者

我们全体公民，都是共和国的主人。因此，我们既是社会主义法治的忠实崇尚者，又是社会主义法治的自觉遵守者，还是社会主义法治的坚定捍卫者。当法治建设受到冲击的时候，我们要像勇敢的战士捍卫自己的国土一样，去勇敢地捍卫我们的法治阵地。

庄严的法庭

法治的捍卫当然首先要靠法的建设。法的不断完善，是法治的最大法律支撑。如在经济发展过程中出现一些拖欠农民工工资的事件，一部分被称为“老赖”的包工头，以转移财产、逃匿等方式拒付民工的工资，而自己暗地里却过着花天酒地的生活，严重侵害了农民工的正当权益。

传统的做法是把拒不支付工资仅看成是民事侵权行为。为了保护农民工的利益，2011 年 2 月 25 日，十一届全国人大常委会第十一次会议通过了对《刑法》的修正案，把业主恶意拖欠农民工工资列入刑法处置范畴，即凡是认定恶意拖欠工资的“老赖”，可以处以三年以下有期徒刑或拘役，并处以相应的罚款。其中情节恶劣并造成严重后果的可以处以七年以下有期徒刑。刑法的这一修正，以完善法制的形式，极大地保护了广大农民工的利益，捍卫了法治局面，打击了那些“老赖”的嚣张气焰。2015 年 1 月 6 日，最高人民法院、最高人民检察院、人力资源社会保障部、公安部四部门联合发出《关于加强涉嫌拒不支付劳动报酬犯罪案件查处衔接工作的通知》。《通知》明确指出：“欠薪犯罪将受到更加严厉的打击！”这也是捍卫法治的重要步骤。

拓展阅读

2015 年新年伊始，上海市就颁发了新的《餐饮服务食品安全违法行为记分管理条例》。《条例》把记分标准细化，列出 49 种违法行为和记分标准，根据违法程度定为 6 档，分别记 18、12、6、3、2、1 分，年内累计记分超过 12 分的，应当责令其停业。年内达到和超过 18 分的，或者连续两年超过 12 分的，根据法律规定可以吊销其营业许可证。通过这些法律法令的实施，必能大大推进餐饮服务和食品安全。

当然，完善法纪法规是重要的，但更重要的是人的因素。动员广大公民都来捍卫社会主义法治，才是治本之策。

在党和国家的鼓励下，广大公民参与法治建设、捍卫来之不易的法治局面的热情空前高涨。2012 年全国纪检机关立案调查的案件中，41.8% 的线索来自群众举报，之后的 2013、2014 年均有所提高，大有突破半数的势头。这充分说明了，我国的法治历程和民主进程是同步的，广大的公民已经把推进法治、捍卫法治当作自己当家作主的重要标志。

黄浦区五里桥街道是上海市的一个先进基层组织，管理上他们正在探索“组团式服务”“民主化管理”“区域化支撑”“群众性评议”，以及“工作保障机制”，简称“4+1 工作法”。这种工作法的特质就在于整合人力资源、激发自治活力，让每一个公民个体都成为遵纪守法和捍卫法律秩序的人。这里的参与组团式服务和民主化管理的居民，在社会法治管理中所思所想所行不再只想到“小我”，更多的是想到了“大我”，而这个“大我”的外延也是不断延伸和扩展的，从有利于社区、街道的民众，到进而考虑到特大城市广大基层民众的生活和生存状况。正如我们的古人说的：“家事、国事、天下事，事事关心！”我们通过社会主义法治教育，要造就的就是这样一种目光远大、胸襟开阔的现代公民。

浦东新区合庆镇实行“1+1+x”的村民自治模式，这种模式本质上是一种调动村民积极性的法治模式。第一个“1”是指党组织的领导；第二个“1”是指整个城镇都通用的《村民自治章程》，“x”是指各村根据《自治章程》制定的“政策法规之外，道德情理之中”的实施细则。这些规矩既成为村中每个人的约束，又成为人们共同的行为准则。合庆镇自实施“1+1+x”的法治模式以来，所有村都富了起来，而且所有村的“家底”都“晒”在阳光下，大家用法治这把尺子量着，用村民的话来说：“谁想用公款买包烟，没门！”因为这里的每一个公民都是“1+1+x”法治模式实施者、捍卫者，谁想破坏这样一种来之不易的法治局面，大家都不答应。我们社会的每一个角落若都能像合庆镇那样，人人都成了法治的严格监督员和捍卫者，那该多好！

调查研究

以“我为法治献一策”为题，开展社会调查，然后写出一份调查报告。报告中应包含以下重要的要素：

1. 调查对象年龄、身份、职业、文化程度（并不一定要标明真实的姓名，对象当在三五人或三五个家庭以上）。

2. 他们在学习、生活、工作中遇到过哪些重大的矛盾和问题，是否需要求助于社会帮助解决的。

3. 这些年来，尤其是党的十八大以来，人们在“求助社会”的方式方法上有些什么变化。

4. 就以你接触的人员为例，自觉自愿地投身于公共法治建设的人多吗？他们是怎样自觉投身其中的？

5. 写出自己的感言。

第四课 守法诚信品自高

学者不可以不诚，不诚无以为善，不诚无以为君子。
修学不以诚，则学杂。
为事不以诚，则事败。
自谋不以诚，则是欺其心而自弃其忠。
与人不以诚，则是丧其德而增人之怨。

这是宋代理学家程氏兄弟写下的一段话，表明了他们对诚信观念的肯定和推崇。在二程兄弟看来，诚信关乎“修学”，关乎“为事”，关乎“自谋”，关乎“与人”，实在是我国传统社会中“修身、治国、平天下”的重要条件和必须遵守的道德规范。

古代圣贤哲人对诚信有诸多阐述。就拿先秦来说吧，孔子的“民以诚而立”“信则人任焉”“自古皆有死，民无信不立”“人而无信，不知其可也”；孟子论诚信“至诚而不动者，未之有也；不诚，未有能动者也”；荀子认为“养心莫善于诚”；墨子曰“志不强者智不达，言不信者行不果”；老子把诚信作为人生行为的重要准则：“轻诺必寡信，多易必多难”；庄子也极重诚信：“真者，精诚之至也。不精不诚，不能动人”；庄子把“本真”看作精诚之极致，不精不诚，就不能感动人，这就把诚信提高到一个新的境界；韩非子则认为“巧诈不如拙诚”。总之，古代的圣贤哲人把诚信作为一项崇高的美德加以颂扬，生动显示了诚信在中国人心目中的价值和地位。

我们应该继承这样一份丰厚的诚信遗产。

我们还应该发扬光大这样一份丰厚的文化遗产。当代社会，我们生活在法制社会之中，因此，诚信的建设就不可能不打上法制的印记。《中共中央关于全面推进依法治国若干重大问题的决定》指出："牢固树立有权力就有责任、有权利就有义务观念，加强社会诚信建设，健全公民和组织守法诚信记录，完善守法诚信褒奖机制和违法失信行为惩戒机制，使尊法守法成为全体人民共同的追求和自觉行动。"党的十九大提出，深入实施公民道德建设工程，推进社会公德、职业道德、家庭美德、个人品德建设，激励人们向上向善、孝老爱亲，忠于祖国、忠于人民。推进诚信建设和志愿服务制度化，强化社会责任意识、规则意识、奉献意识。

守法诚信品自高。

让诚信与守法联姻，这是我们社会生活领域的题中应有之义。

——题　记

学习生活应当守法诚信

毋庸讳言，在理论界，由于视角的差异对诚信的定义也会有所不同。伦理学界将诚信界定为一种道德原则，认为诚信是一种最基本的道德要求。诚信作为道德的规范之一，对人际关系的协调与和谐有着重要作用。诚信的实施是由内而外，推己及人的，这一过程充分体现了自尊和尊重他人的道德要求。经济学界则将诚信理解为信用，认为诚信是市场交易的基本规则，是一种社会资本，是现代市场交易的一个必备要素，能够给诚信实施者自己带来更大的利益。法学界则将诚信界定为一种法律原则。诚信原则要求民事主体在民事活动中维持双方的利益平衡以及当事人利益与社会利益的平衡，是立法者在基于保持社会稳定与和谐发展的条件下，以实现上述多方利益平衡的一种原则。但是，不管视角有多大的不同，一个公认的事实是：在当代社会，你要谈诚信，就怎么也离不开法制。在法制社会中，不可能有脱离法制的所谓"纯诚信"的存在。一个诚信的人，必然也是一个守法的人。

我们提倡学习生活的守法诚信。

我们已经进入了一个学习型社会。大约从 20 世纪中叶开始，人类随着信息技术和信息科学的发展，进入了科学、技术、知识高速度发展的时期。原先知识技能的更新周期为一百年左右，现在五到十年就更新了。这样终身一次性学习的模式宣告终结了，代之以终身学习和人人学习的新模式。学习成了生活的常态。不学习的人不仅不能为社会作出应有的贡献，甚至还会被社会淘汰。

“索道于当世者，莫良于诚。”只有坚守学习诚信，才能获得真知。学习上讲诚信是不会吃亏的。对求学者来说，最值得高兴和自豪的是掌握了有用的知识和高超的技能。我们必须坚守学习诚信，树立良好学风。

日常生活中，学习诚信主要表现在靠自己的努力获得成绩，不抄袭作业、考试不作弊。

独立完成作业是日常学习的最基本要求。学龄期学习是人生重要的求知阶段，学习中应抱着“知之为知之，不知为不知”的态度，不可以不懂装懂。在学习过程中，可能会犯上不少错。明代理学家王阳明说过：“夫过者，自大贤所不免。”即使是圣贤，也不可能无过失。不过，我们应持诚实态度对待过错，知错即改，用勤奋的学习弥补自己的不足。历代不少名人都是在极端艰苦的条件下求学，如“苏秦发愤刺股”“匡衡凿壁偷光”“车胤囊萤勤学”等，成功非侥幸，只有诚实、刻苦、排除万难的人才能成功。在学业中犯错是正常的，需要警惕的是文过饰非，隐瞒错误的侥幸心理。被隐瞒的错误往往会失去被改正的机会。而人只有不断地改正错误，才能从中吸取教训，超越自己，走向成功之路。

拓展阅读

丁肇中的“不知道”

世界著名物理学家、获诺贝尔物理学奖的美籍华人丁肇中在接受中央电视台《东方之子》采访时，曾对很多问题都表示“不知道”。他在为南航师生作学术报告时，面对同学提问也是“三问三不知”：“您觉得人类在太空能找到暗物质和反物质吗？”“不知道。”“您觉得您从事的科学实验有什么经济价值吗？”“不知道。”“您能不能谈谈物理学未来20年的发展方向？”“不知道。”三问三不知！这让在场的所有同学感到意外，但当人们猛然省悟过来的时候，就报之以全场热烈的掌声。也许，一些人在说“不知道”时往往被看作是孤陋寡闻和无知的表现，但丁肇中先生的“不知道”却体现着科学家治学的严谨和诚实的态度，不禁令人肃然起敬。

读了这则故事，你有哪些感想？

考试并不是什么可怕的事，它作为一种评价手段，是检测教育教学质量、检验学习效果的重要手段。通过对考试结果的分析，我们可以了解自己学习的成就与不足，找到自己和他人存在的差距，明确自己的努力方向，以便更好地改进过程，进而提升学习的效果和质量。考试分数低并不可怕，可怕的是通过作弊手段来掩饰自己的不足。作弊的结果除了给自己暂得一丝掩盖不足的虚荣之外，什么好处也不会留下。作弊不但会麻痹自我，失去检验所学知识的机会，还常常会使我们不自觉地形成恶习，堕入惯常弄虚作假的泥沼。一切的恶习无不是由一次不经意的行为而起。从这个意义上讲，考试不单单是对我们学习质量的检测，也是在检验我们心中的道德水准，更是对我们人格的一种考验。

尊重他人的学术成果。除了日常的学习和考试，我们在高中阶段还会接触到研究型课程的学习。研究型课程的课题来源于社会生活，涉及的范围很广泛，它可能是某学科的，也可能是多学科综合、交叉的。研究型课程的学习方式不是被动地记忆、理解教师传授的知识，而是敏锐地发现问题，主动地提出问题，积极地寻求解决问题的方法，探求结论的自主学习的过程。在这类学术研究的学习中，不可避免地涉及这个问题：我们应该如何对待他人的学术成果？

可以说，任何学术成果，一经公开发表和出版，就具有了公益性和公共性。也就是说，这一学术成果已经完全向公众开放，任何人都可以使用它。但如何使用呢？这里就不只是涉及诚信，还涉及法律问题了。他人的研究成果如果是个人的一种阅读、学习和欣赏行为，是不会受到任何限制和约束的，当然也不会有违法问题。但如果你利用他人的成果进行精神产品的创作，在此过程中引用和借鉴了他人的成果，那就必须加以说明，这种说明意味着承认他人是这一知识的首创者。因为任何知识的首创者都永久地拥有对这一知识的著作权。如果不说明，就有一个侵犯别人著作权的问题了。也就是说，这已经不是单单诚信的问题，也是法律问题了。

拓展阅读

中华人民共和国著作权法（节选）

第九条 著作权人包括：

（一）作者；

（二）其他依照本法享有著作权的公民、法人或者其他组织。

第十条 著作权包括下列人身权和财产权：

（一）发表权，即决定作品是否公之于众的权利；

（二）署名权，即表明作者身份，在作品上署名的权利；

（三）修改权，即修改或者授权他人修改作品的权利；

（四）保护作品完整权，即保护作品不受歪曲、篡改的权利；

（五）复制权，即以印刷、复印、拓印、录音、录像、翻录、翻拍等方式将作品制作一份或者多份的权利；

（六）发行权，即以出售或者赠予方式向公众提供作品的原件或者复制件的权利；

（七）出租权，即有偿许可他人临时使用电影作品和以类似摄制电影的方法创作的作品、计算机软件的权利，计算机软件不是出租的主要标的的除外；

（八）展览权，即公开陈列美术作品、摄影作品的原件或者复制件的权利；

（九）表演权，即公开表演作品，以及用各种手段公开播送作品的表演的权利；

（十）放映权，即通过放映机、幻灯机等技术设备公开再现美术、摄影、电影和以类似摄制电影的方法创作的作品等的权利；

（十一）广播权，即以无线方式公开广播或者传播作品，以有线传播或者转播的方式向公众传播广播的作品，以及通过扩音器或者其他传送符号、声音、图像的类似工具向公众传播广播的作品的权利；

（十二）信息网络传播权，即以有线或者无线方式向公众提供作品，使公众可以在其个人选定的时间和地点获得作品的权利；

（十三）摄制权，即以摄制电影或者以类似摄制电影的方法将作品固定在载体上的权利；

（十四）改编权，即改变作品，创作出具有独创性的新作品的权利；

（十五）翻译权，即将作品从一种语言文字转换成另一种语言文字的权利；

（十六）汇编权，即将作品或者作品的片段通过选择或者编排，汇集成新作品的权利；

（十七）应当由著作权人享有的其他权利。

著作权人可以许可他人行使前款第（五）项至第（十七）项规定的权利，并依照约定或者本法有关规定获得报酬。

著作权人可以全部或者部分转让本条第一款第（五）项至第（十七）项规定的权利，并依照约定或者本法有关规定获得报酬。

第十一条　著作权属于作者，本法另有规定的除外。

创作作品的公民是作者。

由法人或者其他组织主持，代表法人或者其他组织意志创作，并由法人或者其他组织承担责任的作品，法人或者其他组织视为作者。

如无相反证明，在作品上署名的公民、法人或者其他组织为作者。

学术研究是一种在前人已有基础上的创新活动，引用和借鉴他人的研究成果必不可少。在引用时做必要的说明，可以使读者了解学术研究发展的承续关系。所以，正确对待他人的研究成果，是规范的学术研究的基本要求。当然，引用他人的研究成果也有个方法问题和度的界限。如果把别人的成果变成自己的成果而不加以任何说明，即所谓的“化用”，事实上是一种把他人劳动成果据为己有的剽窃行为，应当受到谴责和惩处。

尊重他人的劳动成果是基本的学术道德，做到这一点并不难，但也需要了解相应的学术规范。

学术规范即整个学术研究过程中的规范，就是保障学术研究活动正常有序进行的行为准则。群体性的活动为了实现既定目标和发挥必要的功能，必须依靠规范的约束和引导。学术研究是一种群体性的活动，如果没有一定的规范约束，那么个体之间很难进行平等交流和开展共同而有效的活动。通常所说的学术规范包括三个层面：

第一个层面是有明确规定及可操作的政策法规，如《中华人民共和国著作权法》《中华人民共和国专利法》。学术规范不仅是个道德问题，也是个法律问题。在学术活动中必须遵守国家有关法律、法规，不得侵害其他人的合法权益。

第二个层面是约定俗成并得到学术界认同和共同遵守的观念道德和价值取向。学术道德是治学的起码要求，是学者的学术良心，学术道德的缺失将造成学术失范现象的产生和蔓延。在学习和研究的过程中，应严格遵守社会公德、学术道德，坚持真理、尊重规律，崇尚严谨求实的学风，勇于探索创新，坚定维护学习诚信。

知识窗

我国科技工作者科学道德规范

第五条　进行学术研究应检索相关文献或了解相关研究成果，在发表论文或以其他形式报告科研成果中引用他人论点时必须尊重知识产权，如实标出。

第六条　尊重研究对象（包括人类和非人类研究对象）。在涉及人体的研究中，必须保护受试人合法权益和个人隐私并保障知情同意权。

第七条　在课题申报、项目设计、数据资料的采集与分析、公布科研成果、确认科研工作参与人员的贡献等方面，遵守诚实客观原则。发表研究成果中出现的错误和失误，应以适当的方式予以公开和承认。

第八条　诚实严谨地与他人合作，耐心诚恳地对待学术批评和质疑。

第九条　公开研究成果、统计数据等，必须实事求是、完整准确。

第十条　搜集、发表数据要确保有效性和准确性，保证实验记录和数据的完整、真实和安全，以备考查。

第十一条　对研究成果作出实质性贡献的专业人员拥有著作权。仅对研究项目进行过一般性管理或辅助工作者，不享有著作权。

第十二条　合作完成成果，应按照对研究成果的贡献大小的顺序署名（有署名惯例或约定的除外）。署名人应对本人作出贡献的部分负责，发表前应由本人审阅并署名。

第十三条　科研新成果在学术期刊或学术会议上发表前（有合同限制的除外），不应先向媒体或公众发布。

第十四条　不得利用科研活动谋取不正当利益。正确对待科研活动中存在的直接、间接或潜在的利益关系。

第十五条　科技工作者有义务负责任地普及科学技术知识，传播科学思想、科学方法。反对捏造与事实不符的科技事件及对科技事件进行新闻炒作。

第十六条　抵制一切违反科学道德的研究活动。如发现该工作存在弊端或危害，应自觉暂缓或调整、甚至终止，并向该研究的主管部门通告。

第十七条　在研究生和青年研究人员的培养中，应传授科学道德准则和行为规范。选拔学术带头人和有关科技人才，应将科学道德与学风作为重要依据之一。

（资料来源：《科技工作者科学道德规范（试行）》，中国科协七届三次常委会议通过）

第三个层面是学科的研究方法、理论框架和概念范畴体系。每个学科的研究路径不同，所以在这方面也有所不同。但无论什么学科的学习和研究，都应该从该学科的视角出发，运用该学科的理论框架、概念术语和研究方法及工具，回答该学科的学术体系中有价值的问题。

我们大多数中学生虽然很少开展真正意义上的学术研究，但在研究性课题结题报告、社会调查报告、社会实践活动报告的写作过程中，也应该了解并严格遵守学术规范，这不仅是学术训练的一部分，也是坚守学习诚信、提升个人品格所必需的。

社会交往坚持守法诚信

诚信问题成为现代社会伦理学的研究对象的时间并不长，但是诚信作为一种美德被提倡和宣扬，有着非常漫长的历史。

诚实无欺，重诺守信是中华民族的传统美德，承载着几千年的历史文化，滋养了一代又一代的中华儿女。《说文解字》中解释说："信，诚也"，"诚，信也"，指出了诚信的本义就是要诚实、诚恳、守信、有信，反对隐瞒欺诈、反对伪劣假冒、反对弄虚作假。《周易》中就有"天之所助者，顺也；人之所助者，信也"的话。这表明，早在殷周时代，"诚信"就已成为我们民族先人的重要道德规范。北齐的刘昼在《刘子·履信》中说："信者行之基，行者人之本。"意思是，诚信是行为的基础，行为是做人的根本。诚信是人与人之间相互对待的基本道德。

诚信首先要"毋自欺"。

说起诚信，人们马上会想到对他人的承诺和信用，其实仅此理解还不够。讲诚信，还包括对自己也要说一不二、诚信相济的含义。而这一点往往被人们所忽略。在一些人看来，对自己讲诚信既无人知晓，又无人监督，岂不是故弄玄虚？诚然，对自己讲诚信虽不像对他人讲诚信那样，一旦背离可能引发社会关注、受到道德谴责，但同样不可小觑。因为，对自己讲诚信是对他人讲诚信的前提，对他人讲诚信事实上是对自己讲诚信的外化。

对自己讲诚信，核心是言行要一致，于人于己都是如此。强调对自己讲诚信，就应该是品行兼修、言行一致、道行合一，不能因为这是个人的事、内心的事、他人不知晓的事，就随随便便，不去较真。要始终坚持诚实守信、言行一致的做人德行，哪怕外界压力再大，也不能丢失原则；哪怕自身困难再多，也不能自食其言；哪怕事情无关紧要，也不能自欺欺人。

知识窗

慎 独

所谓诚其意者，毋自欺也。如恶恶臭，如好好色，此之谓自谦。故君子必慎其独也。小人闲居为不善，无所不至。见君子而后厌然，揜其不善，而著其善。人之视己，如见其肺肝然，则何益矣。此谓诚于中，形于外。故君子必慎独也。曾子曰：十目所视，十手所指，其严乎。(《大学》)

这段话翻译成白话文大体的意思是：所谓使自己的意念诚实，就是说不要自己欺骗自己。就如同厌恶污秽的气味那样，就如同喜爱美丽的女子那样，这就是自己感到心安理得。所以君子一定要在独处的时候保持谨慎的态度。那些没有道德修养的人，在闲居独处的时候，无论什么坏事都做得出来。当他们见到那些有道德修养的人，却又躲躲藏藏企图掩盖他们所做的坏事，装出一副似乎做过好事的模样，设法显示自己的美德。每个人来看自己的时候，都像能看到肝肺一样直视内心，那么自欺还有什么用吗？这就叫做内心的真诚会直达外表，所以君子一定会真诚面对自己。曾子说：“许多只眼睛看着，许多只手指着，这难道不令人畏惧吗？”

对自己讲诚信，重点是自律要严。池田大作有言：“信用是难得易失的，费十年工夫积累的信用，往往由于一时的言行而失掉。”由于多种原因，人在履行承诺的过程中会受到各种干扰，原本的诚信之心可能时常会动摇。一定要保持内心的定力，经常自我反省，看看自己有哪些承诺没有做到？要寻找身边的道德楷模，经常以人为鉴，看看自己的差距在哪里？要审视自己的行为，经常自我监督，看看自己是不是言行一致？要能独善其身，不以“不拘小节”原谅自己，不以“无人知晓”放纵自己，不以“下不为例”开脱自己，切实做到言忠信、行笃敬，内不欺己、外不欺人。

对自己讲诚信，不仅是对个人的事业、人品负责，更是对社会、对他人负责。社会呼唤诚信，事业需要诚信，人人祈盼诚信，我们要像莎士比亚说的那样“如果要别人诚信，首先自己要诚信”。

拓展阅读

杨震拒金

杨震字伯起，是东汉时期的大儒。他在五十岁的时候，接受大将军邓骘的推荐进入官场，曾任荆州刺史，涿郡太守等职。由于勤于政事、业绩突出，杨震在永宁四年升任司徒之职。他一生为官非常清廉，而且经常为国举贤，效力国家。

杨震任荆州刺史时发现当地的读书人王密才华出众，就推荐他做了昌邑令，也就是昌邑的县官。王密非常感激。有一次杨震调任东莱太守，正好途经王密任县令的昌邑，为报知遇之恩，王密决定亲赴郊外迎接恩师。一天晚上，王密前去拜会杨震，两个人谈得非常投机，不知不觉已至深夜。在王密准备告辞之际，突然从怀中捧出十锭黄金，放在桌上，说道："恩师难得光临，学生略备薄礼，以报栽培之恩。"杨震说："我很理解你，才举荐你做官，你为何如此不理解我呢，还要送我黄金？"王密没有听明白杨震的意思，以为他在假意推辞，就说："三更半夜，不会有人知道的，请收下吧！"杨震立刻变得非常严肃，声色俱厉地说："你这是什么话，天知，地知，你知，我知！你怎么可以说，没有人知道呢？没有别人在，难道你我的良心就不在了吗？以前因为我了解你的真才实学，才举荐你为孝廉，就是希望你做一个廉洁奉公的好官。可你这样做，岂不是违背我的初衷和对你的期望。你对我最好的回报就是为国尽忠，而不是送给我个人什么东西。只有在没有人看到的地方，才能显现一个人的节操啊！"王密听完之后，羞愧万分，赶紧卷起金子离去。

杨震一生为官清正廉洁，从来不肯徇私枉法，就是家里的人，也不允许他们过问政事。他除了应得的薪俸外，绝不占公家的一点便宜。杨震常常教育家人要节省家用，出门的时候，也叫他们步行，不准乘坐公家给他准备的车辆。有人见他这样清廉，做了大官，家里还是那样的清苦，就劝他为子孙置办产业。他却说："让后世的人称我的子孙为'清白官吏的子孙'，拿这个当作遗产，不是很丰厚吗？"就是在离世之际，杨震仍要求家人只用杂木作棺材，用布单盖住身体，不搭设灵堂，更不建造祭祠。后来，杨震的清廉也传给了他的后代子孙，他的儿子秉、孙子赐、曾孙彪，官职都做到三公的地位，都是国家的栋梁之臣。

诚信是每个公民在家庭生活中应遵循的行为准则。

家庭诚信实际上涵盖了夫妻、长幼、邻里之间的关系。这些关系中的相互忠诚、互敬互爱、长幼有序、融洽和谐，是一个稳定的社会不可缺少的微观基础。因此，建立社会诚信必须从家庭诚信做起。只有这样，才能够建立起新型的人际关系，为构建和谐社会奠定坚实的基础。

夫妻之间要讲诚信。夫妻之间坦诚相见是家庭和睦的根本。对于朝夕相处的人，既然将自己托付给对方，两个人的命运就已经紧紧地联系在一起，有什么事情就应该以诚相待，而不是刻意隐瞒，更不应该心存戒备。要做到坦诚相待，沟通是不可或缺的。在处理某些事情时，尽量做到事前告知或商量，避免相互猜疑。在坦诚相待的过程中，也许一方暂时不能理解你的想法。但是如果隐瞒事实，一旦真相被拆穿，就会增加两个人的隔阂，引发不必要的争吵。有的夫妻中的一方把原先属于夫妻双方的财产偷偷变卖掉了，对方发觉后诉之法庭，那就成了法律问题了。

父母子女之间也要讲诚信。父母平时告诫孩子要诚实，不能欺骗他们。其实，父母对待子女更要诚信。如果父母总是不守信用，总是对孩子说话不算数，或者随便放弃和更改对孩子的承诺，孩子会感到特别失望、不满。最大的负面影响是，孩子可能会因为家长的失信、爽约，对诚信的认识产生偏差。等孩子有一天长大了，也会用类似的方式来对待事情、对待别人，这将会直接影响到孩子的品质和前程。

朋友相交要讲守法诚信。

一个人事业要有成，往往是有朋友多方相助。《论语》中说：“与朋友交，言而有信。”这就告诉我们，平日与朋友交往时，应该做到以下几点：

对朋友要以诚相待。我们应该以真情实意对待朋友，不可口是心非，隐瞒实情。真诚是友谊的生命，如果对朋友诈伪而无真诚之情，这只是“乌集之交”。只有肝胆相照的朋友，才是“腹心之友”。西汉文学家、哲学家扬雄于《法言·学行》曰：“朋而不心，面朋也；友而不心，面友也。”若交朋友而不交心，不能开心见诚，这种缺乏真诚的友谊是难以持久的。

对朋友要以信相交。朋友之间必须诚实守信。一旦欺骗朋友，朋友也不会再信任自己，便会破坏了大家的友谊。而真的朋友，能做到如《礼记·儒行》所言："久不相见，闻流言不信。"就算大家很久没见，当听到有关朋友的谣言时，彼此仍能互相信任。我们青少年要做到恪守诚信，就要对自己讲的话承担责任和义务，言必有信，一诺千金。答应他人的事，一定要做到。同他人约定见面，一定要准时赴约。上学或参加各种活动，一定要准时赶到。要知道，许诺是非常慎重的行为，对不应办或办不到的事情，不能轻易许诺，一旦许诺，就要努力兑现。如果我们失信于人，就等于贬低了自己。如果我们在履行诺言过程中情况有变，以至无法兑现自己的诺言，就要向对方如实说明情况并表示歉意。树立诚信要从点点滴滴做起。

朋友之间要以道义为先。真正的君子之交以道义为基础，真心相待，友谊是持久的。相反，小人之交以势利为基础，虚假造作，友谊是短暂的。因此选择善友也是人生的一件大事。我们要拥有判断好人、坏人、益友、损友的能力。如何让一个人能够分辨是非善恶？这就要不断领悟师长的教诲。我们不能随着自己的烦恼、惯性去思考，而是要循着真理去思考。《易经》中有一句很重要的教诲："人以类聚，物以群分。"这就告诉我们，善人会跟善人在一起，恶人会跟恶人一丘之貉。唯有善的本性才能吸引来善的人，我们只有注意提高自己的德行，时时处处让别人感到如沐春风，善友才会聚在身边。

朋友之间还要把“江湖义气”与恪守诚信区别开来。为什么很多年轻人常常误入歧途，只要朋友一吆喝，就不分青红皂白去跟人家干一些荒唐事，问题出在哪儿？关键在于不能区分善恶。因此一遇到不好的环境、不好的朋友，马上就误入歧途。当一个人善恶分明，纵使遇到坏朋友，也不会误入歧途。《孝经》里面有一句话叫“士有争（诤）友，则身不离于令名”。一个人只要有肯劝诫他的真诚的朋友，就不至于会身败名裂。一个人最容易犯下过失的时候一般不是人生低潮的时候，而是得意忘形的时候，这个时候需要有好的朋友来劝告我们，让我们保持清醒，及早回头。同样，朋友遇到问题，我们也要及时加以规劝。

诚信作为道德规范，要求做人诚实，既不自欺也不欺人；在社会交往中待人诚恳，信守诺言。

人是在社会关系中存在和生活的，离不开相互间的协调与合作，诚信是构成人际关系的基础。如果人们在社会交往中相互怀疑，彼此猜忌，没有信任，不守诺言，双方的利益就会受到损害，人类社会的许多活动就无法进行。对于个人来讲，与人交往要讲信用、守诺言，言行表里如一。邻里之间，有信用方能真诚相待；朋友之间，有信用方能真诚相处；生意场上，有信用方能赢得客户；就是从政为官，也得有信用方能取信于民。

中华民族素有“崇尚诚信，耻奸伪诈”的优良传统，诚信在中国传统的伦理道德体系中占有重要地位。但由于历史条件的局限，中国传统文化中的诚信观念，是植根于由封建皇权至上的等级社会和宗族血缘亲疏决定的人际关系之中的。首信于君主，为忠；次信于家父，为孝；再信于亲朋好友，为义；对陌生人遵循什么规则，却较少涉及。这种诚信观念难以适应从传统人际交往范围有限的“熟人社会”向现代人际交往空间无限的“陌生人社会”过渡的伦理需求。另外，中国传统文化中的诚信观念更多依赖于人格自律，忽略外在制约力量保证，把道德培育看作是一种单纯的人格自我提升。这与现代诚信观主张自省与他约、强制性约束与引导性约束有机结合的要求尚有较大差距。

现代人际的人际交往中，守法诚信主要表现在以下几个方面：

诚信待人，不要欺骗。即不自欺亦不欺人。中国现代学者蔡元培先生说过：诚字之意，就是不欺人，亦不可为人所欺。可见，戒欺是诚信的重要准则之一。

信守承诺，忠于职守。如果我们对别人许下诺言，就须认真对此负责，切勿掉以轻心，失信于人。并且，要认真对待自己担负的社会责任，不能马马虎虎，敷衍了事。

表里如一，言行一致。即要把道德实践作为评价诚信品格的标准，追求道德行为与道德品质相统一。不能说一套，做一套。

我国的社会诚信建设，应该坚持德法并重的原则，既要注重道德建设中个体诚信品质的塑造，也要尽快建立和健全与我国社会主义市场经济发展相适应的社会信用制度。目前，我国社会信用制度的建设处于起步期，迄今为止尚无专门的全国层面的信用法律被制定和颁布，只有部门或地方性的法规。显然，我们要进一步加快信用立法，改变信用法律的缺位状态，以解决现实中的迫切问题。

公务履职必须守法诚信

人总是以一定的职业作为谋生的手段。每天 8 小时的职业劳动占据了劳动者每天三分之一的时间，而且职业生涯又占据了劳动者一生大约 30～40 年的时间，也是劳动者人生中最美好的一段时光。

对于职业，我们都应该善待它、热爱它、敬重它。不仅把职业当作谋生的手段，而且当作生活的方式，这就要求我们恪守履职诚信。

市场经济是一种契约经济，如何保证契约双方履行自己的义务，是维护市场经济秩序的关键。这既要靠市场，又要靠宏观调控，更要靠道德力量。诚信是建立市场经济秩序的基石，市场经济制度的建立和完善以及经济的平稳运行始终离不开诚信原则。

诚信是维系市场交易行为的无形纽带。没有这根纽带，正常的交易就无

“信用中国”网站——褒扬诚信、惩戒失信的窗口

法健康进行，这是由交易行为的非同步性所决定的。人们平常形象地将市场交易说成是“一手交钱，一手交货”，实际上交钱和交货之间总是存在时间差的，并非同步的。这一时间差的存在使交易行为存在风险，如果一方拿到货后拒不付钱，或者一方拿到钱后拒不付货，都会使交易无法正常进行。化解风险的最佳方式是交易双方讲诚信。信用度越高，经济运行就越顺畅；信用度越低，市场正常秩序就更难以建立。

诚信还可以降低市场交易的总成本。市场经济运行中存在着信息不对称的现象。不同的市场主体对其他主体及商品的信息不可能有全面的了解，这就决定了交往中存在着欺骗与被欺骗的可能性。在自然经济状态下，生产是为了自己消费，生产者对生产过程及产品是了解的。例如生产蛋糕的环境是否卫生，自己烤蛋糕吃的人一清二楚。市场经济条件下，生产与消费相分离，消费者很难有条件对生产过程进行全程监控。如果社会缺乏诚信，消费者一定要自己监控生产过程，势必造成交易成本上升。

市场交易的正常状态是长期的、经常的互动行为，对于市场交易主体双方来说，诚实和守信是维护双方利益的最好策略，也是市场交易机制最基本的原则。如果这一原则被遗弃，不仅交易双方的正当利益得不到保障，社会和个人还会花费更多的人力、物力和财力，去维护交易秩序和交易公正。

思考

涂龙酒店的故事

商人涂龙为人厚道，诚实经营，注重信誉，酒店生意很兴隆。一次，涂龙外出，其妻为了多赚些银两，往酒里掺水。涂龙回家得知此事后大哭，其妻不解。涂龙答曰：你毁了我的信誉，也毁了我的家业。

这则故事告诉我们的道理是什么？在市场经济体制下读这则故事的现实意义是什么？

恪守诚信原则是市场经济的内在需求和理性选择，而在社会法治和道德约束比较完备的情况下尤其如此。诚实守信在过去、现在和将来都是社会主义市场经济发展的重要条件。在经济全球化的时代，由诚信而带来的利益和由不诚信而导致的损害，都将因网络的迅速传播而呈几何级数放大。

诚实信用原则不仅是市场经济活动的一项基本道德准则，它也是现代法治社会的一项基本法律规则。

中华民族在悠久的历史中一向重视诚实信用。“人而无信，不知其可也”，是中国人民自古以来沿袭下来的一个道德信条。到了现代社会，无论是中国，还是欧美乃至其他国家都不约而同地将诚实信用原则规定为民商法的一条基本原则，有的学者将其称为“帝王规则”“吾临法域”，可见诚实信用原则之重要性。

一般认为，诚实信用原则的基本含义是，当事人在市场活动中应讲信用，恪守诺言，诚实不欺，在追求自己利益的同时不损害他人和社会利益，要求民事主体在民事活动中维持双方的利益以及当事人利益与社会利益的平衡。

可以说，诚实信用原则是一种具有道德内涵的法律规范。在诚实信用成为法律规范的时候，违反它将承担相应的法律责任和法律后果，这种法律后果可以是财产性的，也可以是人身性的，可以是民事的、行政的，甚至可以是刑罚。

拓展阅读

《中华人民共和国民法总则》

第七条　民事主体从事民事活动，应当遵循诚信原则，秉持诚实，恪守承诺。

《中华人民共和国合同法》

第六条　当事人行使权利、履行义务应当遵循诚实信用原则。

第四十二条　当事人在订立合同过程中有下列情形之一，给对方造成损失的，应当承担损害赔偿责任：

（一）假借订立合同，恶意进行磋商；

（二）故意隐瞒与订立合同有关的重要事实或者提供虚假情况；

（三）有其他违背诚实信用原则的行为。

第四十三条　当事人在订立合同过程中知悉的商业秘密，无论合同是否成立，不得泄露或者不正当地使用。泄露或者不正当地使用该商业秘密给对方造成损失的，应当承担损害赔偿责任。

第六十条　当事人应当按照约定全面履行自己的义务。

当事人应当遵循诚实信用原则，根据合同的性质、目的和交易习惯履行通知、协助、保密等义务。

第九十二条　合同的权利义务终止后，当事人应当遵循诚实信用原则，根据交易习惯履行通知、协助、保密等义务。

实际上，每一个阶级甚至每一个行业，都有各自的道德。

——恩格斯

在市场经济中，守法诚信是企业的无形资产，也是核心竞争力，只有在经营活动中坚持守法诚信的经营理念，企业才能可持续发展。如果一个企业缺乏守法诚信理念，在经营活动中损坏了客户利益，虽然可能在短时期内获得一定的利益，但从长期利益角度上看，无异于一种自我毁灭。守法诚信不单单是某个人、某个企业、某个行业的事情，而是整个社会的事情，只有形成了守法诚信的社会风尚，我们才能取得更大的进步。

在现代社会中，诚信既是维护社会主义市场经济秩序的基本规范和道德底线，又是经济生活得以展开的无形资产和基础条件；是人与人之间契约关系得以维护的基本依据，也是现代市场经济发展最深刻的伦理资源。

如果一个行业的从业人员不能诚实守信，那么他所代表的社会团体或是经济实体就得不到人们的信任，无法与社会进行交往，或是对社会缺乏号召力和响应力。因此，诚实守信不仅是社会公德，而且也是所有从业人员都应遵守的职业道德。同样，对一个行业来说，只有守信用、讲品德，才能从根本上做好行业品牌、树立良好的行业形象。

诚实守信作为职业道德，对于一个行业来说，其基本作用是树立良好的信誉，树立起值得他人信赖的行业形象。它体现了社会承认一个行业在以往职业活动中的价值，从而影响到该行业在未来活动中的地位和作用。

思考

“蒙牛”企业用人要求

德才皆备——破格重用

有德无才——培养使用

无德有才——限制录用

无德无才——坚决不用

提问：蒙牛企业为什么要确立这样的用人要求？

不同的职业、不同的岗位，有不同的道德要求和行为准则。医务人员的职业道德要求防病治病，救死扶伤；教育工作者的职业道德要求因材施教，诲人不倦；财务人员的职业道德要求认真细致，廉洁自律；营销人员的职业道德要求顾客至上，公平交易；政府官员的职业道德要求廉洁公正，服务人民。

可是，这些不同的职业道德要求又蕴含着共同的价值标准，即诚实劳动、信守承诺、服务社会。

拓展阅读

同仁堂的对联

今天，同仁堂的各处门店中，都在显眼处挂着这样一副对联：品味虽贵必不敢减物力，炮制虽繁必不敢省人工。这两句联语是同仁堂的第二代传人乐凤鸣留下的训诫，同仁堂各代传人均严格遵循，已经成为历代同仁堂人的制药原则和精神信条。

同仁堂

同仁堂享誉数百年，秘诀之一就是对这“百年一诺”的坚守和传承。

对于所用药材，同仁堂一直坚持“取其地，采其时”，讲究的就是“地道”二字：人参用东北吉林的，蜂蜜专用河北兴隆的，白芍用浙江东阳的，大黄用青海西宁的，山药必须是河南的光山药，枸杞必用宁夏所产。“处方规定的 16 头人参，就决不能用 32 头人参取代”。这就是“品味虽贵必不敢减物力”吧。

对于药材的加工炮制，同仁堂要求更是苛刻：比如黄连，必须一根根地去掉须根；远志，必须人工去除有副作用的芯；为了让药品口感更佳，同仁堂一直坚持使用 80 目的细箩过筛；为了保证紫雪丹的效力，一直坚持使用“金锅银铲”，等等。也许正是这些外人看来微不足道之处，彰显着“炮制虽繁必不敢省人工”的熠熠之光。

对于这些对药材的苛刻要求，繁复而增加药物成本的工序，包括一些同仁堂新来的伙计，也曾多有腹诽：炮制药材的过程又没人看见，有一些工序省了也不见得会影响药效，何苦如此呢？每遇此，老同仁堂人都会请出那句药行里的老话教育他们：修合无人见，存心有天知。就是这种对老传统的坚守，这种发自内心的自律，才能够让这家药店逾数百年风雨而不衰。

总之，诚实守信是一切职业道德的立足点。不论任何职业，都要加强对诚信者的激励和褒扬，加大对失信者的惩罚与排斥。同时，还要建立各种形式的诚信档案和信用记录，运用现代信息技术手段，打造浓厚的诚信氛围，使“诚实守信”能够真正深入人心，引领社会风气。我们必须把诚实守信融入职业道德的各个领域和方面，使各行各业的从业人员都能在各自的岗位上忠于职守，信守承诺。

职业是人的使命所在，敬业精神是人类共同崇尚的。社会主义核心价值观在公民层面的表述将“爱国、敬业、诚信、友善”并提，也就说明敬业与诚信在一定意义上是相通的。

爱岗是一种情感，即热爱自己的工作岗位，热爱自己从事的职业；敬业是对待职业的态度，即以恭敬、严肃、负责的态度对待工作。通俗地说，爱岗敬业就是敬重自己的工作，将工作当成自己的事。其具体表现为勤业和精业两个方面：勤业就是忠于职守、认真负责、一丝不苟、善始善终等，精业就是对本职工作业务纯熟，精益求精，使工作成果尽善尽美。其中糅合的使命感和责任感，事实上就是诚信精神在工作中的具体表现。在现代社会，敬业精神作为日常工作中最基本的做人之道，是人们成就事业的重要条件。

一个国家如果想立于世界之林，必须使其人民敬业。社会上的每一个人都应该怀着诚信之心做好自己的本职：学者应该努力获得有价值的科研成果；医生应该像关心家人一样尽力救治病人；教师应该认真地传道授业解惑；学生应该用自己的真实成绩回报师长；企业人员应该力求提供最好的产品和服务；政府官员应该勤于工作并制定和执行恰当的政策；市民应当热心参与社会公共事务。只有每个人都尽到自己的责任，才能建设成一个美好和谐的社会。

在现代社会中，人们工作的流动性很大，也许你将来从事的某项职业并不是你发自内心喜欢的，你也不会终生从事这项职业。但你既然暂时选择了这个行业，无论如何也要把它做好，哪怕有一天改行，你给这个职业留下的也是美好的东西。

生活中，我们确实总是能发现一些寻找借口、逃避责任、投机取巧的人，他们不仅缺乏我们倡导的使命感和责任感，而且缺乏对自己所从事的工作的起码尊重。

有人会问：拿着一样的劳动报酬，如果处处讲敬业、讲诚信，受益者总是别人，自己是不是太吃亏了？这或许就是一些见利忘义的现象屡屡出现的原因吧。其实，恪守履职诚信、敬业精神表面上看起来是有益于他人，但最终的受益者却是自己。我们这里说的受益并不仅仅指物质利益。当然，物质利益的回报也是有的。试想，哪一个用人单位会愿意雇佣一个工作上斤斤计较、总是把个人得失放在首位、丝毫不讲诚信、毫无敬业精神的人呢？一个爱岗敬业、诚信友善、恪尽职守的人，在事业发展方面总是拥有更多机会。当然，并不一定每一个诚信敬业的人都能获得赏识和重用，但古往今来，凡是有大成就者，绝大多数都是品德高尚、诚实守信的人。

知识窗

晏殊诚实守信

北宋时期著名的文学家和政治家晏殊，素以诚实著称。14 岁被地方官视为“神童”推荐给朝廷。宋真宗召见了他，并要他与一千多名进士同时参加考试。结果晏殊发现考试题目是自己曾经练习过的，就如实向真宗报告，并请求改换其他题目。宋真宗非常赞赏晏殊的诚实品质，便赐给他“同进士出身”。

晏殊当职时，正值天下太平。于是，京城的大小官员便经常到郊外游玩或在城内的酒楼茶馆举行各种宴会。晏殊家贫，每日办完公事，总是回到家里闭门读书。真宗了解到这个情况，就提升晏殊为辅佐太子读书的东宫官。当晏殊去谢恩时，真宗又称赞他能够闭门苦读。晏殊却说：“我不是不想去宴饮游乐，只是因为家贫无钱，才不去参加。我是有愧于皇上的夸奖的。”真宗感慨他既有真实才学，又质朴诚实，是个难得的人才。过了几年，晏殊凭借其才干当上了宋朝的宰相。

晏殊受到重用的故事说明，一个人为人诚实，表里如一，不弄虚作假，对于事业发展是多么的重要啊！

恪守履职诚信使人受益，更重要的表现在个人素养的提高和精神方面的快乐。

古语有云：“君子坦荡荡，小人长戚戚。”一个缺乏职业诚信的人，往往也是一个缺乏自信的人，容易被种种负面情绪困扰，难以体会到快乐的真谛。甚至有研究表明，弄虚作假不利于身体健康。因为，造假的人必须长期精力高度集中以防言行举止露出破绽，因此常常出现忧思、惊恐等不良情绪，而这种持续压力下的过度紧张则会影响并且抑制机体的免疫功能，使人的抵抗力下降，增加生病的可能。

有这样一则故事：一个顾客走进一家汽车维修店，自称是某运输公司的汽车司机。“在我的账单上多写点零件，我回公司报销后，有你一份好处。”他对店主说。但店主拒绝了这样的要求。顾客纠缠说：“我的生意不算小，会常来的，你肯定能赚很多钱！”店主告诉他，这事无论如何也不会做。顾客气急败坏地嚷道：“谁都会这么干的，我看你是太傻了。”店主火了，他要那个顾客马上离开，到别处谈这种生意去。这时顾客露出微笑并满怀敬佩地握住店主的手：“我就是那家运输公司的老板，我一直在寻找一个固定的、信得过的维修店，你还让我到哪里去谈这笔生意呢？”

如果你是这家汽车维修店的店主，你能拒绝虚开发票的请求吗？

> 如果我们选择了最能为人类福利而劳动的职业，那么重担就不能把我们压倒，因为这是为大家而献身；那时我们所感到的就不是可怜的、有限的、自私的乐趣，我们的幸福将属于千百万人，我们的事业将默默地、但是永恒发挥作用地存在下去，而面对我们的骨灰，高尚的人们将洒下热泪。
>
> ——马克思

人们往往会尊敬那些能力一般但诚信尽责的人，却不会尊敬一个能力超强但毫无诚信的人。在工作中保持诚信态度，毫不吝惜地投入自己的精力和热情，我们就能学到更多有用的知识，积累更丰富的职业经验，获得更强烈的成就感，赢得他人更多的尊重，从而以主人翁和胜利者的心态自豪地工作，在工作中获得真正的快乐和幸福。

第五课　世界公民的风采

我和你，心连心，同住地球村，

为梦想，千里行，相会在北京。

来吧！朋友，伸出你的手，

我和你，心连心，永远一家人。

没有气壮山河，没有纵横捭阖，歌曲《我和你》闪耀着人性与情义的光华，引起超越肤色、超越文化的心灵共鸣。这是朋友在召唤，这是心灵在绽放。它让我们去掉浮躁，多了亲和，这种温馨与温暖，传递着和谐世界的人本理念：我们是一个“地球村”里心手相连的一家人。

古希腊哲学家苏格拉底说过：“我要做一名世界的公民，不只做一名本地居民。”意思就是指一个人不只关心自己的国家和社区，也关心世界上其他地方的事情。

——题　记

全球化时代呼唤世界公民

早在五六百年前，人类就开启了全球化的序幕。15 世纪初，中国明代著名航海家郑和七次远洋航行，到了东南亚很多国家，一直抵达非洲东海岸的肯尼亚，留下了中国同沿途各国人民友好交往的佳话。15 世纪末，欧洲人开启了地理大发现的时代。哥伦布、麦哲伦等人的跨海航行，使人类超越了国家和地区的界限，凡是他们的帆船抵达的地方，就被纳入世界的视野，凡是被他们“发现”的民族，就脱离了与世隔离的状态。

20 世纪 60 年代开始的太空旅行又给人类带来一种全新的观念，人类开始越出地球之外反观地球：在无边无垠的茫茫宇空中，地球只是一个小小的“村落”，我们地球上生存繁衍的 70 亿人都是“地球村”的村民。我们共同依傍在这颗说大不大、说小不小的星球上，在无际无涯的太空中遨游。

随着社会的发展，人类所面临的经济、政治、生态等问题更是越来越具有全球性，需要国际社会的共同努力，各国人民形成了你中有我、我中有你的命运共同体。以往，公民只关心自己的国家，现在，公民在关心自己的国家之外，还需要关心人类的公共事务和共同命运。这是因为人们越来越清晰地认识到，人类正在加速向全球化迈进。

瑞典大发明家阿尔弗雷德·诺贝尔在瑞典和沙皇俄国长大，可他的视野不限于自己的母国和生存地，他将整个世界视为推广自己发明的市场。他创立的公司遍及瑞典、德国、美国、英国、法国、意大利、瑞士和西班牙，他的家也安在其中的几个国家，他把自己的发明创造视为一个有良知的人留给整个世界的一份遗产。正是“世界公民”的情怀，促使他订立了那份著名的遗嘱。他在遗嘱中写道：

诺贝尔

“我是世界的公民，应为人类而生。我愿以我的全部遗产作为资金成立一个基金会，将基金所产生的利息每年奖给在前一年中为人类做出杰出贡献的人们……对于获奖候选人的国籍不予任何考虑，也就是说，不管他或她是不是斯堪的纳维亚人，谁最符合条件谁就应该获得奖金。”

世界永远怀念诺贝尔，崇尚诺贝尔，是因为他在世界上率先树立了“世界公民”的丰碑。

说到“世界公民”，又会让人想起二战期间上海人民接纳、护卫受难的犹太人的事迹。

第二次世界大战是德、日、意法西斯发动的一场灭绝人性的战争，大约有一亿多的民众惨死在法西斯的暴虐下，中国被杀害的军民就有3500万之多。有人做过统计，在抗战期间，中国差不多每两个家庭中就有一个家庭失去亲人。巨大的痛苦和灾难，使人们进一步懂得了一个真理：抗击罪恶不能靠各个国家的单打独斗，善良的人们必须团结起来，相互帮衬、相互支援，共渡难关。而在这一点上，上海人民是值得自豪的。上海战场不只成为抗击日寇、打击日寇所谓“三个月灭亡中国”的嚣张气焰的重要场所，也为救助苦难中的世界各地民众——尤其是犹太人——作出了永不磨灭的贡献。历史将永远铭记这一不朽的业绩。

二战期间，德国法西斯在全球建立了600多个集中营杀害犹太人，约有600万犹太人惨遭屠杀。在这种情况下，犹太人就只得外逃。在法西斯势力十分猖獗的情况下，当时全世界大部分城市都拒绝犹太人，生怕引火烧身，而同样在苦难中的上海这座城市却是个例外。上海利用当时国际“自由港”的特殊身份，接纳了约三万犹太难民。贝蒂是当时避难于上海的犹太人之一，他在德国萨克森豪森集中营改建的博物馆的序言中写道：“当时全世界对犹太人关上了大门，上海是唯一的例外。”而这“唯一的例外”，正是上海人民值得光荣的。

拓展阅读

纪录片《生命的记忆——犹太人在上海》是中国电视史上最大规模的上海犹太难民寻访行动，由上海广播电视台电视新闻中心筹拍，历时八个月，摄制组辗转于德国、奥地利、美国、以色列多国，采访了多名当年避难上海的犹太当事人。

现年90岁的前美国财政部长迈克·布鲁门撒尔，是当年最知名的避难上海的犹太人之一。当时年仅12岁的布鲁门撒尔亲眼看到父亲在德国集中营中所受的苦难，而按照希特勒当局的要求，要把父亲救出来，必须拿到前往他国的凭证，离开德国。他们选择了作为世界自由港的上海。1939 年 4 月，他们一家人乘邮轮“臻丸号”来到了上海，在上海一住就是八年，他们一家挤在虹口区舟山路 59 号的一间小房子里艰难度日。当时日本法西斯步德国法西斯的后尘迫害犹太难民，不准犹太难民外出，好心的“上海爷叔”就用一根绳索挂上装饭的篮子把食物偷偷送给犹太难民。这种种恩惠，犹太难民及其后代是永远忘不了的。后来，布鲁门撒尔一家定居于美国，并成为美国的权贵，但是那一段“异乡客”的生活使他终生难忘。1973 年，布鲁门撒尔率团第一次访华，受到了周恩来总理的接见。2015 年，90 岁高龄的他第八次访华，来到了上海虹口区的原居处。他在回忆录中说：“我们当年是外国人啊，可在中国从来没听说过‘反犹太主义’，我们与中国人生活在一起，感到很舒服。”他还说：“在上海的那些年，塑造了我后来的政治信仰，使我一生关心公共事务。”

从一定意义上讲，全球化使地球上的人们成了利益共同体。当年的上海人接纳了犹太人、帮助了犹太人，而同时在犹太人及其后代的心中种下了友谊的种子。在电视片《犹太人在上海》的首映式上，以色列总理亲临现场，用中文说了句：“谢谢！”

随着经济交往的日益频繁，世界各地的人们越来越多地走进了彼此的视野和生活中。21 世纪，世界市场更加扩大，世界经济一体化加速推进，全人类的命运从来都没有像今天这样紧密相连。改革开放以来，我国已经走上了建设社会主义市场经济的道路。市场经济必然是国际化的，各国经济既相互竞争，又相互依存。在很多领域，甚至你我不分，民族国家的界限失去了意义。比如在一些跨国公司，公司的总部虽在某国，而它的子公司却分布在若干个国家，市场遍布世界各地，雇员来自地球上各个角落。公司有超出具体国家利益的自身利益，每个公司都要求其职员无论来自哪个国家，都要忠诚于自己的公司。今后，会有越来越多的中国公民需要适应高度国际化的生活：需要有开阔的视野，熟悉多种文化，善于与他国的同伴或对手打交道，国家的界限不再是一道壁垒或鸿沟。

现今在这个世界上，我们每个公民都具有双重身份，即某一主权国家的公民和世界公民。在法律上，公民身份总是与国籍相联，我们都是某一个具体国家的公民，但我们还是人类大家庭的一员，并因此而享受相应的权利，承担相应的义务，所以我们自然也是世界公民。世界公民资格不需要任何法律的承认，只要我们属于人类的一员，我们就是世界公民。在当代，弘扬当年上海人民与世界人民共同抗御邪恶的精神特别重要。

思考

四国联合破获“湄公河大案”

2011 年 10 月 5 日，湄公河“金三角”，泰国清盛港。中国的两艘商船“华平号”和“玉兴 8 号”，共搭载了 13 名中国船员，在前后各两艘快艇的押送下，往下游泰国水域驶去，船上有背枪的黑衣武装人员。两船靠近岸边掉头停靠后，船上枪声响起，随后，离船不远的泰国军人用机枪、冲锋枪、步枪向两船扫射。

根据国际公约和我国法律，此案被劫船只在中国注册、悬挂中国国旗，受害人是中国公民，因此中国对案件拥有管辖权。但案件发生地不在中国，犯罪嫌疑人都是外国人且长期在“金三角”特殊地理环境下作案和藏匿，全部侦查、情报、取证、抓捕工作都必须在境外完成。

10 月 30 日，应中方倡导，泰国副总理、老挝副总理兼国防部长、缅甸内政部长抵京参加中老缅泰湄公河流域执法安全合作会议。

会议上，四国一致同意建立中老缅泰湄公河流域执法安全合作机制，交流情报信息、联合巡逻执法、联合整治治安突出问题、联合打击跨国犯罪。

在湄公河执法安全合作机制框架下，中国警方与相关国家警方联合成功抓获犯罪嫌疑人。经过交涉，根据中缅协商结果，犯罪嫌疑人被移交给中国。至此，湄公河“10·5”案件的主要犯罪嫌疑人全部归案。办案人员总结，湄公河大案的破获得益于四国执法安全合作机制的及时建立。

以湄公河“10·5”案件为典型代表，我国与各国的禁毒执法合作已由简单的情报线索传递发展到情报交流实时化、联合侦查无缝化、执法领域多样化，并经常性地开展证据交换、联合审讯、递解人犯等司法协助活动，打击跨国毒品犯罪活动的能力和水平不断提高。

思考：你还知道哪些国际联合行动惩治犯罪行为的案例？

当今世界在经济高速发展的同时，怎样做到经济可持续发展，社会安定祥和，生存环境获得有效保护，是世界各国尤其是广大发展中国家共同面临的挑战。“我们只有一个地球”，“我们都生存在一个地球上”，中国与世界的可持续发展息息相关。因此，全球环境治理需要各国政府和公民的积极参与，每个公民可以通过参与本国政府制订对外政策而间接地参与全球环境治理，还可以通过非政府组织机构的渠道直接参与国际环境治理事务，包括国际环境法的制定及监督执行等。

拓展阅读

绿色和平组织

1971 年，12 名怀有共同梦想的人从加拿大温哥华启航，驶往安奇卡岛（Amchitka），去阻止美国在那里进行的核试验。他们在渔船上挂了一条横幅，上面写着“绿色和平”。尽管在中途遭到美国军方阻拦，他们的行动却触发了舆论和公众的声援。1972 年，美国放弃在安奇卡岛进行核试验。此后，绿色和平逐渐发展成为全球最有影响力的环保组织之一，他们继承了创始人勇敢独立的精神，坚信以行动保护地球环境。同时，通过研究、教育和游说工作，推动政府、企业和公众共同寻求环境问题的解决方案。

绿色和平组织作为一个国际环保组织，旨在寻求方法，阻止污染，保护自然生物多样性及大气层，以及追求一个无核（核武器）的世界。

绿色和平中国分部建立于 1997 年

2月，现正在全国范围内展开监测环境问题的工作。和绿色和平在其他国家分部一样，绿色和平中国分部独立于任何政府、组织和个人的影响之外，并且严格不接受政府和公司的资助。绿色和平坚持在不侵犯个人和破坏产物的原则下，和平而非暴力地推动环保及促进社会在这方面的改变。

全球化时代的来临，对我们公民的素质提出了更高的要求。我们不仅要参与国内事务，还要参与国际事务；不仅承担国内义务，还要承担国际义务。

在这个地球上，每个民族都有自己的性格、历史经历和外部环境，经千百年的积淀，形成各民族极其多样化的文化。然而，随着全球化进程的深入，一种新的全球文明正在形成。

人类在长期的共同生活和相互交往中，已经形成了一些共同的准则和规范，大家相约遵守。这些规则有经济的、政治的，也有技术上的、生活方面的，比如体育竞赛规则不再是各国自行其是，而是世界通用。人类的文化产品、精神财富、知识成果也不再是某个国家和民族的特权，而是人类的共同财富，比如埃及的金字塔、中国的万里长城、兵马俑等。1961年，苏联宇航员加加林完成了人类第一次进入太空飞行的壮举，由此成为世界上进入太空第一人，他也是第一位有幸从太空俯瞰地球全貌的人。加加林的这次飞行被誉为充满勇气和远见的一次壮举，代表着人类探索太空的成就，从此开启了载人航天的新纪元。

自从互联网广泛地进入人们的生活，网络真正实现了信息的跨国界自由流动，实现了人类的信息共享。如今，你坐在家里打开电脑，可以跟网友们讨论一件国际新闻，或某个球队的表现，或倾诉你的情感，而与你交谈的网友可能就住在你的隔壁，也可能身处千里万里之遥的异国他乡。互联网的迅猛发展，正在将全人类“网罗其中”。它正在消除国家的界限，使人类形成一个“电子地球村”。

全球化是当今世界覆盖最广、影响最大、势头最猛的趋势，以往的人类生活在相对比较分散疏离的状态，一个民族的灾难一般不会影响其他民族。但今天的人类已经越来越一体化了，技术把我们联结成一体，交往使我们彼此

互联网联通世界

不分。不论是哪个民族或哪个国家的哪个人，都必将成为地球村的“村民”，都将从一国的“国民”或“公民”变成全球的“村民”或世界的“公民”。在这种情况下，我们必须具有世界公民的意识，才能有效地合作，共同迎接人类面临的挑战！

走出国门，你代表祖国形象

做好一个世界公民，并不简单。近年来，随着国内经济社会的发展，我国的国际声望越来越高，中国人在世界上的表现也越来越被人注意。今天，在国外学习、工作、旅游的中国人越来越多，这就让我们考虑，中国人在国外的行为究竟应当如何？又应该怎样做一个全球化时代的合格世界公民？

拓展阅读

报载：阳春三月，北京市某医院的一名中年医师，带着他的妻女，轻松愉快地远渡重洋来到美国旅游。这天，他们来到了圣地亚哥的海洋公园。开阔的大海，碧空万里，翠绿的草地，再加上清新的空气，简直使这一家人流连忘返了。夕阳即将西坠之时，在他们百步之外的一位美国老太突然倒地，这使在一起游玩的家人惊恐万状，她的一个女儿竟尖叫起来。这时，这位北京医生扔下手中的物品，急步奔向倒地的老妇。他先是止住了病者家属的喧哗，把病者平放在草地上，毫不犹豫地对病者实施了口对口人工呼吸，这时这位北京医生的妻女也已赶到，她们帮着为病者按摩，并轻声细气地安抚着病者。一家三口成了一个临时的“医疗小组”。当病者苏醒过来以后，这位北京医生主动要求与病者家属一起将病人送往医院。海洋公园中游客如织，纷纷聚拢过来，看着渐渐远去的北京医生的背影，竖起了大拇指：“中国人，了不起！”

当天在圣地亚哥海洋公园游览的人，多达成千上万，他们有的目睹、有的耳闻了“北京医生”忘我地救治美国老太的故事。这个“北京医生”姓甚名谁？谁都不知道，但是，人们记住了一点，他——一位中国的公民，一位了不起的中国公民，一位将一个非亲非故的异国老太从死神手里夺回生命的中国公民。够了，只要记住这一点就够了。这告诉我们，不管你是谁，不管你的文化程度怎样，家庭背景如何，只要你跨出国门，人家就给了你一个共同的名字：中国人。你的一举一动，一言一行，都代表着中国。人家会从你身上，看到、想到中国的形象。正是从这个意义上说，你是中国的“民间大使”。

一个国家在国际上的声誉，不仅仅取决于国家的财富多寡，经济、军事实力强弱，人们对于一个民族、一个国家的观感更多还是要看这个国家的人在国际上的行为。

走出国门，每个人都代表着国家，他的点滴行为都在塑造祖国的国际形象。外国人，正是通过每一个中国人来认识中国、了解中国。因此，我们需要激发每一个公民的集体荣誉感、民族自豪感和爱国热情，继承和维护中华民族“礼仪之邦”的国家良好形象，进一步增强我们国家的文化“软实力”。

思考

游客在泰国航班上斗殴，导致航班延误

2014年2月16日凌晨4时，28岁的丁小姐结束了为期6天的泰国普吉岛游，准备从普吉国际机场搭乘国内航空公司的一班飞机直飞武汉，搭乘当天航班的多是武汉的游客。

该航班原定4时20分起飞，但因为中国乘客打架，飞机在泰国的机场延误了一个小时才起飞。“坐在飞机上，我除了无语，更多的是觉得丢脸。”丁小姐说，“特别是泰国警方上飞机带走人的那一刻，觉得脸上被扇了重重的耳光。”

思考：对此事件你有何感想？

对出国在外的公民而言，自律慎独尤为重要。“自律”就是主体为自己“立法”，自我约束，自我限制。“慎独”强调即使没有人监督，也能恪守自己内心的道德信念和伦理法则。

文明旅游是一种社会责任。

一个人生活在社会中，生活在一个国家里，自然有对这个社会、这个国家的责任。这种责任有的是有规矩条文可循的，有的是自然而有的，它们渗透在生活之中，无处不在。在我们生活的大多数领域中，这种责任是不分国内国外的，比如环保，比如礼貌等，这种责任可以说“既是民族的，也是世界的，既是地方的，也是国际的”。每一个人都需要承担对于世界的义务和责任，对世界负责，也就是对自己的国家负责，反之也一样。

我们出境旅游，代表的是国家的形象，这就是一种社会责任！一个受尊敬的旅行者，应当保持基本的礼貌和行仪，对自然和历史怀有敬畏之心，尊重文化的差异，尊重公共秩序，尊重传统。旅行的文明不仅在于规范文明的行为，更在于内化文明的态度——要向世界释放善意。

拓展阅读

温馨“致歉卡” 文明旅游“好声音”

“我还很小，第一次坐飞机，可能会感到不适，也许我会无法控制自己，会难受得哭闹，或兴奋得大叫。我和我的家人会尽最大努力，好好表现，不打扰到你们在长途飞行中的休息……”

春节的远行在即，杭州的方女士除了准备一家人赴英国旅游的行囊，还为即将乘坐同一航班的旅客准备了特别的“礼物”——一组手绘的“致歉卡”。

卡片上以方女士18个月大的女儿“窝窝”的口吻介绍自己和家庭成员，卡片上的话可爱俏皮又饱含真诚，为女儿哭闹可能带来的打扰致歉，以期获得一定程度的谅解。这组“致歉卡”共30多张，每张卡片都由4格卡通人物画组成，第一幅是“窝窝”的自我介绍，第二幅是介绍一家人的，第三幅是这个孩子的情况说明，第四幅则是一个年轻男子深鞠躬，表达真挚的歉意，同时恳求谅解和宽容。卡片被放进串着吉祥符的红包里，为了照顾到同机的外国游客，方女士还“入乡随俗”，用中英文双语书写，并在红包中放了巧克力和糖果。

“常常坐飞机的人可能都有体会，如果遇到孩子长时间叫嚷或哭闹，很容易影响到周围乘客的情绪。”方女士说，到时候再口头道歉效果可能不尽人意，不如事先派发“道歉卡”，以女儿的口吻跟周围乘客打招呼，也许会减轻给他人带去的情绪干扰。

可爱的漫画形象，友好的心愿，让人们感到温暖，网友纷纷为这一“暖心”之举点赞，更有网友直言，“看到这么有爱的卡，谁还舍得生气？”网民大赞手绘道歉卡“绘出”文明与素质。

一个人在自己国度的不文明，可能会引来批评，但是倘若在国外，可能就会引来别人对整个民族和国家的批评。所以，出国在外，不论言谈举止、待人接物，还是其他行为规范中，都必须要更加注意。要文明诚信、彬彬有礼、尊重他人、热情大方，既表现出个人的修养境界，更表现出我们民族的人文底蕴。

知识窗

中国公民出境旅游文明行为指南

中国公民，出境旅游，注重礼仪，保持尊严。
讲究卫生，爱护环境；衣着得体，请勿喧哗。
尊老爱幼，助人为乐；女士优先，礼貌谦让。
出行办事，遵守时间；排队有序，不越黄线。
文明住宿，不损用品；安静用餐，请勿浪费。
健康娱乐，有益身心；赌博色情，坚决拒绝。
参观游览，遵守规定；习俗禁忌，切勿冒犯。
遇有疑难，咨询领馆；文明出行，一路平安。

——中央文明办　国家旅游局

美丽中国的形象，需要你我的共同努力。文明出境游，不仅需要政府的重视、舆论的监督、法律法规的约束，而且需要每位中国游客的共同努力。文明，不是喊在口头的标语，而是实实在在的行动。

忧以天下，乐以天下

做好一个国家的公民，需要正确认识国家、处理好个人与国家的关系。要成为一个世界公民，同样需要正确认识世界，处理好个人、国家（民族）与人类整体的关系。这里，个人与国家的双向关系转变为个人——国家——人类之间三个层面的关系。一个合格的世界公民应该能够协调好这三者的关系。

思考

“无国界医生”

1999 年诺贝尔和平奖授予了一群“无国界医生”。无国界医生于 1971 年 12 月 20 日在巴黎成立，是一个由各国专业医学人员组成的国际人道医疗救援组织。该组织共有几千名志愿人员遍布在世界许多国家，他们由医生、护士、麻醉师、实验室技术人员、后勤人员、助产士、行政人员组成。他们相信爱心无国界，无论任何种族、宗教、性别或政治背景，所有人都有权利获得医疗救助。每年，约有三千名来自世界各地的志愿人员，被派往不同国家和地区协助紧急医疗救援工作。他们的共同目标是协助那些受战火及自然灾害蹂躏的灾民脱离困境。他们贡献出自己的专业知识，平等地对待不同种族及宗教背景的人士。1999 年 10 月 15 日，该组织因“一直坚持使灾难受害者享有获得迅速而有效的专业援助的权利”而获得当年度诺贝尔和平奖。

人们都说，无国界医生代表着典型的“世界公民”的精神，这是一种什么样的精神呢?

全球的视野，开放的心态。

在全球化时代，我们需要从世界的眼光来考虑国内的问题，打破狭隘的偏见，正确认识自己，客观认识别人。

改革开放以来，我国虽然在各方面得到了长足的发展，成为世界第二大经济体。但是，我们必须清醒地看到，我们还是个发展中国家，要建设文明、富强、和谐的社会主义国家，前面还有一段很长的路要走。我们要以开放的胸襟面对世界，能够正视自己的不足，学习别人的长处，理智地处理与其他国家间的冲突。我们需要培育起自信、自尊、开放的健康心理，从而赢得国际社会的尊重。

世界公民的一个特征，就是对世界上发生的事情感兴趣，对外部世界有充分的了解。我们可以通过电视、报纸、广播、书刊杂志了解世界，更可以借助于互联网广泛获取信息，或通过各种机会直接与国外朋友互通信息、交流观点。

中国正在经历着前所未有的历史发展契机，需要更多通晓国际规则、能成功参与国际事务、国家竞争、有话语权的优秀世界公民，期待他们以更加广阔的视野和抱负，借助各种国际交往平台，发挥聪明才智，协助世界处理全球共同面对的问题。同时，我们也努力让中国以外的世界认识我们的文化和价值观，提升中国在国际舞台的形象和影响力。

有人说："世界太大，我们的能力有限，关注自己国家的事情就可以了。"你认为这种想法对吗？为什么？

维护国家主权，尊重国际准则。

我们的世界目前是由 200 多个国家和地区构成的，尊重每个国家的独立和主权是世界秩序的基础。国际法有一条重要原则，就是国家主权平等和独立。它意味着，每个国家应该独立自主地处理自己的事务，任何国家都不能凌驾于其他国家之上，干预其他国家内部事务。

然而，国家主权的独立性并不意味着一个国家可以为所欲为。在长期的国际交往中，逐渐形成了一些公认的国际关系准则，遵守这些准则是大家的利益所在，也是文明社会的标志。每个国家都需要对国际社会做出承诺，做国际社会负责任的一员。

人类大家庭

这些准则既涉及国家行为，也涉及大量的个人行为，如尊重知识产权、保护环境、信守契约等，是我们每个公民在进行旅游活动、商务活动、学术活动和政务活动时，应该遵守的准则。作为一个世界公民，不仅应该了解和遵守本国的法律，还应该了解和遵守国际法律的规定。

爱人类，爱和平的情怀。

爱人类就是要以爱心对待所有的人，不分民族、种族、宗教、性别，它是一种无差别的爱，是对每一个个体和人类整体的爱。世界上有各种各样的人群，由于特定的生活环境和历史发展，使每个族群都形成了自己生理上和文化上的特征，但不论他们与别人有多大的不同，他们都是人类大家庭的成员，都应该得到人类之爱。

拓展阅读

2013 年 4 月 15 日举行的美国波士顿马拉松比赛遭遇连环爆炸袭击，迫使不少参赛者放弃比赛，没能抵达终点。波士顿市 5 月 25 日举办“最后一英里”跑步活动，由大约 3000 名参赛者和连环爆炸袭击受害者象征性地完成马拉松赛，以纪念遇难者并向在事件中尽职提供帮助的工作人员表达敬意。

这次活动口号是“我们会到达终点”，特意由参加者举着三面美国国旗和一面中国国旗，以纪念与事件有关的 4 名遇难者。而那位持中国国旗者，却是一位地道的外国人。他们既是在纪念死者，彰显和平与正义，也是以人道主义的关怀和宽广包容的姿态，印证世界公民尊重生命的基本特质，这一面五星红旗折射出的是对整个人类的终极关怀。

世界公民应当具有博爱之心，不仅看到世界是人、财、物各尽其流的大市场，更要看到世界是人类患难与共的家；不仅在需要时知道有接受帮助的权利，而且在必要时更知道有提供帮助的义务；要乐于敞开博大的胸怀，能够超越国界、不分种族、不计恩怨地去关爱一切需要关爱的生命。

拓展阅读

全球对抗埃博拉

埃博拉是刚果民主共和国北部一条河流的名字。1976 年，一种不知名的病毒袭击这里，疯狂地屠杀了河流沿岸 55 个村庄的数百名村民，埃博拉病毒的名称由此而来。埃博拉几乎就是死神的代名词，直到目前，全球市场上仍没有特效治疗药物。2014 年 3 月，埃博拉病毒再次从西非的几内亚等国开始了新一轮的蔓延。病毒是全人类的敌人，应对埃博拉，是国际社会共同的责任。一场对抗埃博拉病毒的战役在全球展开：

世界卫生组织 2014 年 7 月 31 日启动应急计划，拟拨款 1 亿美元为西非地区“救火”。

欧盟 7 月 30 日宣布再增加 200 万欧元（约 1653 万人民币），援助埃博拉病毒医疗工作。

英国政府启动了一笔 650 万英镑（约合 6600 元人民币）的专项资金，用于鼓励有关埃博拉病毒的研究。

美国宣布要派至少 50 名公共卫生专家前往西非，协助对抗史上最严重的埃博拉疫情，美国专家将在 30 天内陆续抵达西非。

与此同时，世界卫生组织宣布，定于 9 月 4 日至 5 日在日内瓦总部召开专家会议，来自制药、临床护理、伦理、法律等领域以及西非防疫前线的共计 100 多位专家将参与这次会议，重点讨论对付埃博拉的潜在疗法和疫苗的安全性、有效性以及加快临床试验的创新措施与增加供应试验性药物等问题。

中国在西非当地支持并参与疫情防控工作的中国医务人员累计近 600 名，并已向 13 个非洲国家提供了 4 轮价值约 7.5 亿元人民币的紧急援助。这是新中国成立以来卫生领域最大一次援外行动。2014 年度“感动中国”特意设置了“特别致敬”环节，把敬意献给抗击埃博拉病毒中国援非医疗队的每一位成员：医者仁心，为了病人的需要，抗击埃博拉病毒中国援非医疗队同样冒着被感染的危险，飞过半个地球，奉献了自己的医术和爱心。

中国军事医学科学院宣布，与华大基因等研究机构共同研制的埃博拉病毒核酸检测试剂，已通过国家卫生部门专家评审，获得正式生产批文，并已于获批后正式投产。

人类历史上，每一次自然灾害都是对人类之爱的检阅。在灾难面前，分属不同的国家、不同的民族，有着不同的信仰与语言的人民，就像同住在一个家，心和心紧密相连，伸出你的手，伸出我的手，才能共有一个地球。

几千年来，疟疾肆虐人类、蹂躏文明。2008 年，2.47 亿人感染了一种以蚊子为传播媒介的原虫所导致的疾病，其中大约 100 万人死亡。这种疾病对儿童有特别的进攻力，尤其是那些在非洲撒哈拉沙漠以南地区的儿童。从亚洲、拉丁美洲、中东地区到欧洲的部分地方，疟疾侵袭了 100 多个国家和各地的游行者。疟疾症状包括发烧、头痛和呕吐。通过中断身体内关键器官的血液供应，疟疾会很快威胁到生命。早期的诊断和治疗能降低这种疾病的发生率、预防死亡，并切断传播。中国女科学家屠呦呦，从中医古籍里得到启发，通过对提取方法的改进，首先发现中药青蒿的提取物有高效抑制疟原虫的成分，这一发现在全球范围内挽救了数以百万人的生命，为促进人类健康和减少病患痛苦作出了无法估量的贡献。屠呦呦也因此获得诺贝尔生理学或医学奖，这是首位获得科学类诺贝尔奖项的中国人。

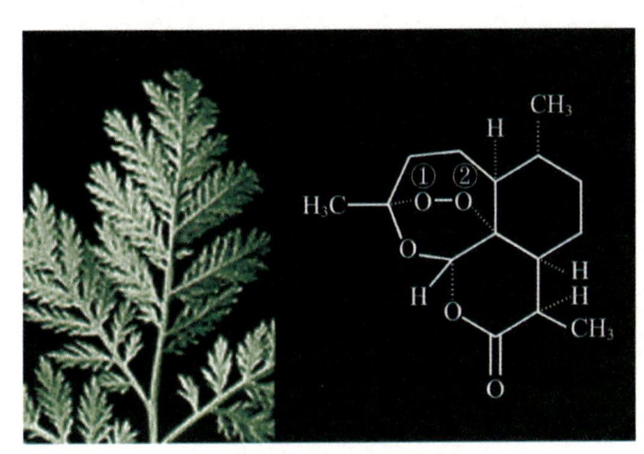

青蒿素原料及分子式

爱人类必然爱和平。流行病毒、地震、海啸等自然灾害是可怕的，没有关爱和充满战争的世界，则更可怕。20 世纪的两次世界大战和数不清的局部战争，先后夺去了 1.87 亿人的生命，其中大多数是平民。侵略战争、大规模的种族屠杀行为、大规模的侵犯人权行为、恐怖主义，都是反人类的行为。因此，和平是人类的最大福祉，战争是人类最大的祸害。每个世界公民都应该是和平的天使，为人类的和平事业而努力。

国家主席习近平在出席中法建交50周年纪念大会演讲时引用拿破仑名言：“中国是一头沉睡的狮子，当这头睡狮醒来时，世界都会为之发抖。”他进一步解释道：“中国这头狮子已经醒了，但这是一只和平的、可亲的、文明的狮子。”习近平描绘的爱好和平、文明可亲的中国“醒狮”形象赢得国际社会的喝彩。

交流互鉴，共同绘就人类文明美好画卷。

当今世界有200多个国家和地区，2000多个民族，5000多种语言。不同民族、不同文化多姿多彩、各有千秋。世界各国、各民族的民俗风情各异，涉及：衣食住行，婚丧嫁娶，节日庆典、礼仪规范、娱乐爱好、风土人情、宗教信仰等各个方面。在人类文化的百花园中，每个民族的文化都是其中的一朵奇葩。它们构成人类的文化生态，其中每一种文化的繁荣都对它作出了贡献，每种文化的消失都是人类的损失。如果只有一种生活方式，只有一种语言，只有一种音乐，只有一种服饰，那是不可想象的。文明多样性是人类社会的基本特征。

社会的发展，促进了不同国家之间的经贸往来，更促进了不同民族之间的文化交流。——中国人可以在网上追看美剧、韩剧，美国人、韩国人可以来到中国学习京剧；电影《哈利·波特》引得中国孩子看了又看，电视剧《西游记》让美国孩子痴迷不已……这样的文化交流，增进了民族了解，融合了民族感情，也丰富了各民族的文化。

联合国大会在2001年通过决议，将5月21日定为世界文化多样性促进对话和发展日，以加深人们对于文化多样性价值的理解。世界文化多样性促进对话和发展日使人们有机会关注所有文化固有的生命力和活力，关注保护文化多样性并将其作为发展战略核心的紧迫性。每一个人都应该思考，如何从人类和现实的角度，以宽容之心对待全世界的所有文化。随着全球各地交流的加强，人们正生活在一个相互联系和相互依赖的世界中。然而，从简单地意识到他人的权利、价值观和理想，到真正深刻地对此加以理解，仍然有一定的差距。这就需要对文化多样性开展切实的教育，使大家明确地接受这一观点：所有文化具有同等的尊严和权利。

“万物并育而不相害，道并行而不相悖。”作为世界公民，我们尊重文明多样性，推动不同文明交流对话、和平共处、和谐共生，不能唯我独尊、贬低其他文明和民族。

目前，我国与 100 多个国家签订了文化合作协议，以“文化年”“国家年”“交流年”为主题开展了各类大型国际文化活动；在海外已建成巴黎、柏林、东京等多个中国文化中心；不同规模的中国文化节、艺术节，“相约北京”“上海国际艺术节”等国际性文化交流品牌已成为传播中华文化的重要载体。

世界是一个整体，作为世界公民的我们应该敞开胸怀接纳世界，以积极的姿态融入这个整体。诚然，不同民族和国家由于生活习俗和文化背景的差异，也会造成处理解决问题时的态度和方法的不同。面对文化的差异，我们应采取客观、平等的态度，不排斥，不自闭。在国际交往中，我们要了解和尊重不同国家、民族的风俗习惯，尊重因文化不同而导致的行为方式的差异，如果不了解或不尊重不同国家、民族的文化风俗习惯，往往就容易造成交往的障碍和困难，甚至导致误解。

作为世界公民，我们还必须尊重本土文化。因为世界本身就是由不同民族的多元文化组成的，而每个民族文化都是独一无二的，任何民族文化的精华都是全世界的，都属于人类共同的文明成果。尊重、珍惜和保护各个国家、民族的文化，体现了一种全球意识、开放的胸怀、崇高的精神。只有先尊重自己的文化，保持自己文化的独特性，才能获得文化在世界上生存的权利，世界也才称其为世界。

只有当我们对自己的文化有充分的自信了，才能够理性、稳步、踏实地走向世界。文化自信，从根本上说是对文化本质的信念和信心。五千年中华文明薪火相传，是我们的基因根脉；包容借鉴世界文明成果，是我们兼收并蓄的胸襟气度。中华文化之所以能长久不衰，是因为具有开放、包容、与时俱进的特性。譬如，美国本土的爵士乐表演中，已经出现了中国琵琶的身影，还有人考虑将中国传统的打击乐融入其中。我们要自信，不要自卑，也要肯定其他文化的长处。因为只有将自尊和尊敬他人之长结合起来，才是美美与共，才能达到天下大同的境界。

拓展阅读

中国春节　世界同乐

近年来，春节跨越五洲，逐渐成为世界人民喜闻乐见的时尚，成为各国拉开春天序幕的嘉年华，为许多国家多元文化增添了一抹亮色。

中国春节，全球同乐。2015 年羊年来临，“中国羊”顺理成章地走出国门，红遍世界。冬宫是俄罗斯第二大城市圣彼得堡的地标性建筑。中国春节除夕晚，冬宫前涅瓦河上的宫廷桥亮起“中国红”彩灯，庆祝中国农历羊年春节的到来。亮灯活动吸引了众多俄罗斯民众和中国华侨华人和留学生到场观看并留影纪念。

新加坡华人一年一度的“春到河畔”大型迎春系列活动 17 日晚拉开帷幕，新加坡代总理张志贤出席开幕典礼。2015 年的“春到河畔”是创办 29 年来规模最大的一次。活动共展出 60 件灯饰，其中 18 米高的财神爷深受民众喜爱。

新西兰是“羊的国度”，羊在整个国家经济中占据重要的地位，因此中国羊年也被新西兰人寄托了特别的感情。惠灵顿充满浓浓的中国年味。春节前几天，这个被称为“南半球最酷的小首都”市中心的奥连特湾就已挂满写有“新年快乐”中英文字样的红气球。至于中国羊年究竟是“绵羊年”还是“山羊年”的“世界性难题”，新西兰人的解决办法很简单，让山羊和绵羊一起登场。

惠灵顿市长西莉亚·韦德—布朗在春节庆祝活动上用中文向华人祝贺新年，她说，惠灵顿已经连续庆祝春节十余年，春节已成为城市的重要节日。随后，她与带着羊头道具的工作人员一起登上花车，开始了一年一度的春节巡游。一辆辆充满中国特色花车上，庆祝的人群载歌载舞。

2 月的巴黎天气虽然有些阴冷，但丝毫不影响参加“中国狂欢节”的热度。位于法国巴黎十六区的风土公园里，华侨华人和巴黎市民，所有人都换上节日盛装，这边一家人穿起极具中国风韵的唐装，那边一家人换上标准的狂欢节装扮，金童玉女、王子公主、蜘蛛侠、小熊猫随处可见，竞相“卖萌”。

在活动现场的体验区，剪纸、折纸、脸谱、书法、中国结、中国画、水墨漫画、蔬果雕饰等项目不仅牢牢锁住小朋友们关注的目光，也吸引着大朋友们踊跃学习。香气四溢的中国美食和琳琅满目的中国商品更是“绊住”了人们前行的脚步。

雨果说，世界上最宽阔的是海洋，比海洋更宽阔的是天空，比天空更宽阔的是人的胸怀。对待不同文明，我们就需要比天空更宽阔的胸怀，推动不同文明相互尊重、和谐共处，让文明交流互鉴成为增进各国人民友谊的桥梁、推动人类社会进步的动力、维护世界和平的纽带。我们应该从不同文明中寻求智慧、汲取营养，为人们提供精神支撑和心灵慰藉，携手解决人类共同面临的各种挑战。

中华民族是世界上最庞大的族群，世界上每 5 个人就有一个中国人，所以，在人类共同利益中，我们的民族利益占有最大的份额，世界能否变得更和平、更人道、更美好，与我们的关系也最大。它同时也意味着赋予我们的责任也最大。作为世界公民，我们每个人都应该意识到自己对人类应尽的义务，发扬我们儒家传统中“以天下为己任”的精神，忠实履行自己的国际义务，做一个合格的世界公民。

第六课 追求人生的崇高境界

青年人要立志，立鸿鹄志，做奋斗者。苏轼说："古之立大事者，不惟有超世之才，亦必有坚忍不拔之志。"王守仁说："志不立，天下无可成之事。"可见，立志对一个人的一生具有多么重要的意义。广大青年要培养奋斗精神，做到理想坚定，信念执着，不怕困难，勇于开拓，顽强拼搏，永不气馁。幸福都是奋斗出来的，奋斗本身就是一种幸福。1939 年 5 月，毛泽东同志在延安庆贺模范青年大会上说："中国的青年运动有很好的革命传统，这个传统就是'永久奋斗'。我们共产党是继承这个传统的，现在传下来了，以后更要继续传下去。"为实现中华民族伟大复兴的中国梦而奋斗，是我们人生难得的际遇。每个青年都应该珍惜这个伟大时代，做新时代的奋斗者。

辛弃疾在一首词中写道："乘风好去，长空万里，直下看山河。"中国梦是历史的、现实的，也是未来的，是青年一代的。中华民族伟大复兴的中国梦终将在一代代青年的接力奋斗中变为现实。新时代青年要乘新时代春风，在祖国的万里长空放飞青春梦想，以社会主义建设者和接班人的使命担当，为全面建成小康社会、全面建设社会主义现代化强国而努力奋斗，让中华民族伟大复兴在我们的奋斗中梦想成真！

崇高，是山之巅，波之峰；是清晨的太阳，夜晚的星座；是海边的灯塔，是沙漠的绿洲。生活中如若没有崇高，或许也可继续，但必将失去颜色，没有希望。就如蒙上眼罩拉磨的驴子，一辈子浑浑噩噩，生不知其所以生，死不知其所以死。

——题　记

学做有梦想的真人

说到“梦想”这个词，大家都不陌生。我们每个人都有过梦想。有的人终身追求一个梦想，让人生变得充实而有价值；有的人不断变换梦想，使人生变得绚丽多彩；有的人梦想平凡，但从平凡中实现了人生的价值；有的人梦想远大，在不懈的奋斗中尽享追梦的快乐。

既然我们每个人都有梦想，那还需要“学”什么呢？

首先，要学会珍视自己的梦想。

前面说过，我们每个人都有过梦想，不管是有意的还是无意的——对久远或是不远的未来的畅想、对美好生活的期盼，以至于对人生方向的选择，梦想总是会以各种形式，在不同的时间段在我们的脑海闪现。区别在于，有的人牢牢抓住了梦想，使之成为自己一生的前进动力；有的人则因为主观或是客观的原因，放弃了自己的梦想，最后甚至连这个词都不愿再想起，整日间浑浑噩噩，随波逐流，迷失在人生的道路上。正如美国前总统威尔逊说过的那样：“我们因为有梦想而伟大，所有的伟人都是梦想家，他们在春天的和风里或是冬夜的炉火边做梦。有些人听凭自己的伟大梦想枯萎、凋谢，但也有人灌溉呵护梦想，在艰难困苦的日子里精心培育梦想，直到有一天使其得见天日。”

人，绝不能失去梦想。有了梦想，人，才可以被称为“真人”；有了梦想，生活才是真的“生活”，而非“生存”。为了活着而活着，单纯依靠本能和欲望而生活，这是动物的生存方式。人，是需要有内心的精神追求。同学们应该都看过《黑客帝国》这部电影，电影中描绘了人类生存在一个虚拟的矩阵世界（the matrix）中。有趣的是，在男主人公尼奥（Neo）和矩阵的创造者（Architect）间曾有一段对话，创造者说它曾经设计的第一代矩阵世界因为过于完美，使其中的人类大量死亡。这个完美的世界，无非是一个满足人类所有物质需要和生理欲望的“和谐社会”，但这种社会、这种生活，不是人类所需要的。

思考

科幻电影《生化危机》大家也应该比较熟悉。这部电影的大背景是：在未来，由于一种生化病毒的肆虐，绝大部分人类变成了一种名为“丧尸”的怪物。网上有种观点，这部电影不仅仅是一部科幻电影，它还影射和讽刺着现实——“丧尸”其实就代表了现实中的一种人群，“丧尸”即“丧失”。

请思考，你认为“丧尸”与现实中的哪一种人有类似之处（请至少指出两点），他们丧失了什么？

其次，我们要学会将梦想和空想区分开来。

梦想和空想的区别之一是梦想有着最基本的现实基础，空想则完全无视现实，是天马行空式的荒诞的想象。比如说，发明飞机的莱特兄弟固然从小就立下了飞天的梦想，但他们并没有无视人与鸟的不同，想要像鸟儿一样插上翅膀飞上天空，而是依据当时的科技水平，制造出了可以飞天的机械飞行器。再举一个例子，著名科幻作家儒勒·凡尔纳的小说中的许多梦想后来都成为现实，如《海底两万里》中描述的可以在海底做长时间航行的潜艇，在现在已经被部分实现了；《从地球到月球》中对于超级大炮发射地点的选择，也在后世被证明是符合科学原则的。我们如果读他的作品，可以发现其中不仅仅只是凭空的幻想，而是建立在坚实的科学知识的基础上的。事实上，凡尔纳的许多作品中都罗列着可以进行检验的科学数据和各种物理、化学、地理、天文方面的知识。从某种角度而言，凡尔纳的科幻作品其实是一种另类的科普论文。

梦想不能脱离现实，它是在已有的现实基础上的一种合理的想象。无论梦想有多么瑰丽、多么远大，它的根基还是需要深扎在现实的土壤中。不切实际的梦想只能让我们徒耗精力、靡费才华。

拓展阅读

曾经有一只乌龟，每当它抬头仰望天空，看到在空中自由飞翔的雄鹰，心中就羡慕得不得了。有一天，它冲着天上大声喊道："老鹰兄弟，请你下来帮我一个忙！"

雄鹰听见了乌龟的喊声，一个俯冲落在它的身边。乌龟满脸堆笑地对雄鹰说："兄弟，我也想像你一样在空中飞翔，你教我飞翔吧！"雄鹰听了连连摇头："这恐怕不行吧。我劝你不要心存幻想。你生活在地上，不是好好的吗？何况，你连翅膀都没有，怎么飞啊？""为什么啊？我虽然没有翅膀，但是我有四肢啊。在天空中飞翔是我一直以来的梦想啊！"乌龟苦苦哀求："你就把我带到空中吧，我一定能学会飞翔的。"

最终雄鹰经不住乌龟的软磨硬泡，答应带它到空中一游。当乌龟在雄鹰的帮助下"飞"上了天空，看着脚下逐渐远去的大地，想象着自己像雄鹰一样飞翔的情景，它热血沸腾，不顾一切地挣脱了雄鹰的爪子，张开四肢试图在空中飞起来。结果，它如同一块石头，直接从天上掉了下来。就这样，这只怀有飞翔梦想的乌龟摔了个粉身碎骨。

再次，学会为了梦想而不断在现实中努力奋斗。

所谓"美梦成真"，并不是说梦想会自动成真，我们只需凭空想象即可。这种"大幻想术"在现实中是不存在的。"我要什么就有什么，我想要谁就是谁"，这种事情，只会出现在阿Q之流的美梦中。这也是梦想和空想的区别之一：梦想者深谙，只有付出，才会获得；而空想者往往只会抱着双手，指望不劳而获，凭空掉下馅饼来。

只有踏踏实实的努力奋斗，梦想才会最终实现。成功从来没有捷径，所谓"捷径"，往往都隐藏着各种各样的陷阱——比如说赌博，比如说传销。

No pains, no gains. 一分耕耘，一分收获。年轻的朋友，记住这条宇宙的真理吧。抓紧生命里的每一分钟，紧锣密鼓地去实践自己的想法，去完成自己架构的蓝图。有一位哲人说过："梦想是彼岸，现实是此岸，中间隔着湍急的河流，行动就是架在两岸的桥梁。"不去行动，不付出努力，你就永远只能与梦想隔河相望。集中精力，付诸行动，以大无畏的勇气横渡激流险滩，再远大的梦想最终也能实现。

拓展阅读

霍金在十几岁时就下定决心将来要从事物理和天文学的研究。17岁那年，他拿到了自然科学的奖学金，进入牛津大学学习，后又转到剑桥大学攻读博士学位，研究宇宙学。不久，他患上了会导致全身肌肉逐渐萎缩的卢伽雷病。医生对此束手无策，断定他将在两年内死亡。然而，霍金勇敢地面对自身的不幸，继续醉心于自己的学术研究。

80年代，他开始研究量子宇宙论。此时，他已经全身瘫痪，仅有两根手指能够活动，并丧失了说话的能力。他表达思想的唯一办法是通过一台电脑声音合成器，用还能活动的手指在电脑屏幕上选择字母、单词来造句，然后通过电脑播放声音。通常，他制造一个句子需要五六分钟，为了合成一个小时的演讲需要准备10天。就是在这样的情况下，1988年，他完成了《时间简史》这部著作，迄今该书的发行量已经超过2500万册，被翻译成全球几十种语言。

霍金的个人生活虽然非常不幸，但他在科学上的建树大都是在他病发后取得的。他身残志坚，艰苦奋斗，战胜了病魔，完成了童年的梦想，创造了自己的人生奇迹！

美好的梦想属于所有的人，但梦想的实现——成功，则青睐那些珍惜时间、爱惜光阴的人，青睐那些脚踏实地、一丝不苟的人，青睐那些勇于探索、开拓创新的人，青睐那些坚忍不拔、敢于拼搏的人。

有人说过：“与世间其他财富相比，世上唯有一种财富是我们与生俱来的，只要你想要就一定会拥有，这就是梦想。与世间其他力量不同，世界上也唯有一种力量是我们与生俱来的，只要你学会用它，你就会永远向前一路不停，这也是梦想。”有梦想的人是幸福的人，有梦想的人生是充满希望的人生。

梦想能指引我们的方向，梦想能激发我们的潜能，梦想能帮助我们克服人性中的弱点。梦想能激励我们坚定信念，勇往直前！

愿每个人都能拥有自己的梦想，保持自己的梦想，实现自己的梦想，无论这个梦想是什么、有着如何远大的愿景！

处世要有仁爱之心

什么是“仁”？怎么做才是“有仁爱之心”的表现？

对于这两个问题，从古至今、从中国到外国，无数哲学家、思想家从不同的角度、不同的侧面进行过阐述、分析、辩难，所遗留下的有关著作可以说是汗牛充栋。比如我国传统的儒家学说，“仁”是其核心理念之一，光是在《论语》一书中，就提到“仁”字109次。

知识窗

樊迟问仁。子曰：“爱人。”（《论语·颜渊》）

“恻隐之心，仁也。”（《孟子·告子上》）

“爱人利物之谓仁。”（《庄子·天地》）

“仁者，谓其中心欣然爱人也；其喜人之有福，而恶人之有祸也，生心之所不能已也，非求其报也。”（《韩非子·解老》）

“仁”在诸子百家中有各自不同的解读，这里，我们取孔子对于“仁”的解释，很简单，就是两个字：“爱人”。“仁”，就是“爱人”。虽然只有两个字，但其中包含的深意、所引申出的理解，可能两百万字、两千万字都还嫌不够阐发。就我们中学生来说，大致可以从两个角度来理解、实践“仁”字。

第一，爱自己。

西方思想史上直至16世纪初才出现“自爱”这一理论范畴。意大利学者特勒肖提出，自我保存是人类斗争的唯一目的。他认为，人为了生存，基于本能趋利避害，而自爱是自我存在的根本欲念。思想家卢梭对此的表述更加直截了当："自爱始终是很好的，始终是符合自然的秩序的。我们第一个最重要的责任就是而且应当不断关心我们的生命。为了保持我们的生存，我们必须要爱自己，我们爱自己要胜过爱其他的一切东西。从这种情感中将直接产生这样一个结果：我们也同时爱保持我们生存的人。"

我国的儒家也将"仁者自爱"作为"仁者爱人"的基础。《荀子·子道》中有这样的语句："颜渊入，子曰：'回，知者若何？仁者若何？'颜渊对曰：'知者自知，仁者自爱。'子曰：'可谓明君子矣。'"在这里，儒家的所谓"自爱"除了保持自己的生存之外，其实还有保证自己的发展，成就自己的道德人格的意义在内。

试想，一个人连自己的生命和人格都不爱，怎么会去重视和维护他人的生命和人格？一个人整天自轻自贱，消极悲观，你能想象他反而对他人和社会热情相待、积极付出吗？自爱是一个人所有的正能量的原点，不曾拥有，也就无法付出。所以，先爱己，而后爱人，这是符合人的本性的，也是符合自然的秩序的。

那么，在了解了爱自己的重要性之后，具体应该怎么做呢？

首先，照顾好自己的身体。一个人最后的，也是最基本的人生财富，就是他的身体，或者说，他的健康。现在大家都明白一个道理：如果把人生比作一个数字，那么健康就是排在第一位的那个"1"，其他如财富、事业、感情、家庭等等都是排在后面的"0"。只有健康这个"1"存在，后面的那串"0"才有意义；没有了这个"1"，那么一切都将不存在。

作为中学生来说，正处于人生的黄金时期，对于健康的重要性认识可能并不深刻。因为在这个年纪，大家的身体还处于生长发育阶段，绝大部分同学很少遭遇严重的病痛，即使有时生一两场病，也能够很快康复。但近年来，由于种种不良的膳食及其他生活习惯的影响，一些原来通常出现在中老年人身上的疾病已经开始降临到部分青少年头上，对他们的健康造成了实质性的破坏。

知识窗

慢性病侵袭青少年引发公众担忧

年轻的高血压病患者

提到高血压，人们总以为是中老年人才会出现的慢性病。不过，这一现象正在逐渐发生改变，高血压已经不再单单是中老年人的“专利”，开始波及越来越多的儿童和青少年。首都儿科研究所儿科专家指出，6—17岁人群高血压患病率呈现持续上升趋势，应该予以重视。

北京市儿童成人慢性病防治中心主任、首都儿科研究所流行病学研究室主任米杰说，高血压是我国患病率最高的慢性病。根据疾控部门报告，目前我国高血压患者人数已突破3.3亿，每3名成人中就有1人患高血压，18岁及以上居民高血压患病率为33.5%，25—34岁年龄组患病率上升迅速。

在成人高血压患病率持续上升的同时，儿童青少年高血压亦成为日益突出的公共卫生问题。1991年以来相关卫生部门的6次调查结果显示，6—17岁人群高血压患病率呈现持续上升趋势，从1991年的7.1%上升到2009年的13.8%。

（北京参考网）

相关新闻：颈肩病盯上“触屏一代”青少年

近一两年来，7—13岁之间的青少年因患上颈肩疼，已成为重庆医科大学附属儿童医院骨科的“常客”，而与他们颈肩痛有显著相关性的是青少年们的新宠：平板电脑等便携电子产品。

重医大附属儿童医院骨科医生南国新说，“触屏一代”青少年中，大多数人使用平板电脑时的身体姿势违反了颈椎的生理曲线，使用平板电脑促发颈肩痛的可能性更高。使用平板电脑时需要一只手来触摸屏幕，这个动作造成了两侧肩部不在一个水平线，受力也不均匀，容易造成颈部肌肉疲劳，分泌乳酸，出现疼痛。每天使用电脑超过1.5小时会增加颈肩痛发病率。

南国新说，颈椎病、腰椎病重在日常预防，切勿连续几小时用同一种姿势看电脑、电视。有些年轻人熬夜打游戏时不注意保护脊椎，休息时才会感觉到脖子不舒服。此外，平时要注意保护颈椎、腰椎，留意不要受外伤。

同时，家长也要密切关注孩子的健康，及时干预。经过热敷、按摩以及必要的休息，绝大多数孩子的不适都能得到缓解。而一旦这种肌肉、韧带的痉挛、劳损持续3到6个月后，就可能发展为慢性疼痛，甚至肌肉、韧带发生钙化，这样会使孩子未来发生腰椎间盘突出等疾病的年龄大大提前。

（北京参考网）

我们应该明白，只有拥有健康的身体才会有真正的幸福可言。但在很多时候，为了一时的快乐，或是因为心中的惰性，许多人放松了要求，失去了控制，将身体健康置于脑后。有的人一上网就忘记了时间，有时玩个通宵还觉得不尽兴；有的人拿起手机、平板电脑就放不下，明明已经两眼发花，还在那里玩个不停；有的人烟酒不停，伤肝伤肺也全然不顾，还说没有烟酒伤心；有的人吃饭喜欢重油重盐，还专爱吃烧烤、麻辣烫等。这些行为都是不可取的，他们的身体迟早都会受到病痛的反噬。

为了使自己远离病魔，请大家记住并遵循以下几点：养成有规律的作息习惯，早睡早起，不熬夜看电视、上网，不在走路、坐车的时候玩手机和平板电脑，远离烟酒，拒绝毒品，找到自己喜欢的锻炼方法，平衡膳食。

其次，善待自己的心灵。

无论在什么时候，都要抓住机会，树立自尊，培养自信。自尊和自信是完满心灵的基石。

苏格拉底说：“一个人能否有成就，只看他是否具备自尊心与自信心两个条件。”

先说自尊。自尊可以被看作是一种对自己的人格重视和肯定的情感。自尊是人的基本心理需要，无论地位尊卑、财富多寡、文化高低、面貌美丑、身体强弱，人们对自尊的要求是相同的。当人的自尊心得到满足时，就会产生快乐、振奋、自信等积极肯定的情绪；相反，当人的自尊心得不到满足时，就会产生挫折、失望、忧愁等消极否定的情绪。

有自尊心的人是做事有底线、生活有追求的人。因为强烈的自尊会促使他们不做有损人格的事，既不向别人卑躬屈膝，也不会盛气凌人、妄自尊大。自尊还能促使人积极向上、力争上游、不甘落后。因为有自尊的人决不能容忍自己得过且过、敷衍了事，自尊的人往往会对自己提出很高的要求，树立很远大的目标。

思考

华罗庚中学毕业后，因交不起学费被迫失学。回到家乡后，他一面帮父亲干活，一面继续顽强地自学。不幸的是，他在不久后身患伤寒，病愈后却留下了终身的残疾——左腿的关节变形。当时，他只有 19 岁。在经历过痛苦、迷茫和绝望后，华罗庚想起了中国古代因遭受膑刑而身体残疾的著名兵法家孙膑，并以他为榜样来激励自己：“古人尚能身残志不残，我才只有 19 岁，更没理由自暴自弃，我要用健全的头脑代替不健全的双腿！”从此，华罗庚白天拖着病腿，拄着拐杖在地里干活；晚上，他在油灯下自学到天亮。1930 年，他的论文在《科学》杂志上发表。后来，清华大学聘请他当了数学系的助理员。在清华，华罗庚一边在数学系旁听，一边用四年时间自学了英文、德文、法文，并发表了 10 篇论文。到 25 岁时，华罗庚已经成为蜚声国际的青年学者了。

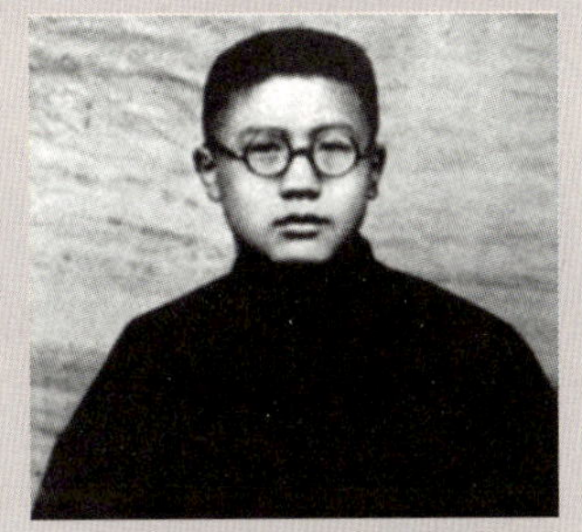
勤学少年华罗庚

请思考，在逆境中，是什么样的心理品质支撑着华罗庚自强不息、奋发向上？

再说自信。所谓自信，是指个体相信自己的能力的一种主观倾向，是人对自身力量的充分估计和高度自我接纳的态度。我们平时经常听到有人说的“我有把握”“让我来，我能行”的言辞，都是自信的外在表现。古今中外的成功者，都是充满自信的人。拿破仑曾说：“在我的字典里，没有‘不可能’这三个字。”毛泽东曾经赋诗：“人生自信二百年，会当击水三千里。”自信是一个人顺利成长和能够有所作为所不可缺少的一种心理品质，是一个人的潜能源源不断地得以释放的精神源泉，是一个人克服困难取得成功的重要保证。

人的自信心并不是与生俱来的。儿童心理学指出，自信心的形成分为被动、主动和成熟三个阶段。这三个阶段分别是三至十一二岁、十一二岁到十七八岁、十七八岁到二十五岁左右。我们中学生所处的时期正是自信心形成的第二个，也是比较关键的一个时期。然而，在现实中，部分学生的自信心并没有得到有效的培养，而他们自己却毫无觉察。

调查研究

请同学们做一个小调查：寻找五位在最近一次比较大型的学生活动中坐在前两排（靠近教师）的同学和五位坐在最后两排的同学，再以 1 分为最低分、10 分为最高分，按照自己的印象为这 10 位同学打分，评价他们在班级中的活跃程度，并分析研究：得分较高的同学是坐在前排的多，还是坐在后排的多？从心理角度看，是什么原因造成得高分和得低分的同学之间的差别？

不论是现在还是未来，自信已经越来越成为一个现代人不可或缺的一种基本素养。具有足够的自信心既是心理健康的重要标志，又是个体成功地立足于现代社会的必备条件。有自信心的人能够以积极的姿态应对困难，能独立地做出判断、果断采取行动，并且能主动地进行积极的自我暗示、自我激励。而缺乏自信的人，往往优柔寡断，做事多随大流，常常在结果还未产生之前就萌发失败的预期，易受他人的言辞、姿态的影响，有时又会以拒绝他人、自行其是的方式掩盖心中的自卑心理。

心理学研究表明，人的行为受信念的支配，我们能达到什么样的高度，其中关键的一点在于我们脑海中的想法。如果一个人在心中老是埋怨自己：我不行！我坚持不下去的！很难想象，他会在今后的人生中做出怎样的成绩；相反，如果一个人始终在心底里对自己抱有强大的自信，那他在人生中获得成功的机会无疑会越来越大。人只有先相信自己能够做到，然后才会有勇气去做，才会有机会取得成功。如果一开始就认定自己会失败，那就注定要失败。

自尊和自信一样，并非是与生俱来的东西，我们只有在不断地经历挫败、打击和痛苦之后，才会拥有高贵的自尊和坚定的自信。我们只要不违心地做自己不想做的事，仔细倾听内心最真实的声音，保持自己的人格和心灵的自由和独立，坚信自己选择的人生之路，坚持不懈地追求自身的人生价值，不断升华自己生命的境界，我们就一定会拥有这两种宝贵的精神财富。

第二，爱他人并对社会负责。

前面我们曾经说起过儒家的“仁者自爱”，但是在儒家看来，“自爱”只是“他爱”的基础，“仁”只有在对他人的关爱中才能得到更高的、真正的体现。

儒家的“仁”遵循一条由近及远、推己及人的路线。比如“己所不欲，勿施于人”“己欲立而立人，己欲达而达人”等，都是儒家的经典论述。儒家将“孝悌”作为“仁之本”，认为应该先孝敬父母，友爱兄弟，然后才谈得上博爱大众。“弟子入则孝，出则悌，谨而信，泛爱众而亲仁，行有余力，则以学文。”（《论语·学而》）所以，我们这里所说的“爱他人”，首先是指关爱自己周围的、认识的人——父母、兄弟、姐妹、师长、同学、朋友等。

我们在这个世界上，并不是作为一个孤立的“我”而存在的，除了“我是我”之外，我们还有许多其他的身份，这些身份多是与他人联系在一起的：他人的子女，他人的晚辈，他人的兄弟姐妹，他人的学生，他人的朋友，等等。我们自从降生到这个世界起，就不间断地受到这些“他人”的无边关爱，没有他们的给予、合作和支持，我们一刻也不能生存；我们的自尊、成就和归属，也需要以他们为对象、参照和条件。从大的方面来说，我们整个人类社会也是依靠彼此关爱、彼此合作才能存在并发展下去的。

关爱他人，既是我们的需要，也是我们的责任；既有情感的推动，又有道德的驱使。

学会关爱他人，才更能感受到被他人关爱的温暖和幸福；学会关爱他人，能使自己更好地融入集体，不被孤立和排斥，一人有难，八方支援；学会关爱他人，会使自己的生活充满善意和阳光，使自己的心灵和品格更加完美和通达；学会关爱他人，会使自己的人生更加有价值。

思考

陈斌强，38岁，浙江磐安县冷水镇中心学校初中语文教师。

陈斌强9岁时父亲因车祸去世，他母亲独自抚养三个孩子长大。2007年，母亲得了老年痴呆症，丧失了日常生活能力。

一天，陈斌强的姐姐在无意中提到，母亲最大的愿望就是和儿子住在一起。陈斌强回忆起多年来母亲对自己的付出，他决定再困难也不会丢下母亲。

那时，陈斌强的儿子不到两岁，妻子建议他把母亲送到养老院去，他说："一个连儿子都不认识的老人，送到养老院，被欺负了怎么办？"为了照顾母亲，他硬是把儿子提前一年送进幼儿园。

为了能每天亲自照顾母亲，他每天用一根布条把母亲绑在自己身上，骑着电动车行驶30公里去学校上班。开始同事们都不太理解，说："这样带在身边照顾，一两天倒可以，一年两年怎么吃得消？"可陈斌强做到了，一连五年，风雨无阻带着母亲上班。

照顾母亲的生活异常辛苦。陈斌强一天到晚连轴转：晚上9时，服侍母亲睡下；凌晨1时，准时起床抱母亲上厕所；清晨5时，闹钟响起，他要赶在师生之前起床，将母亲房间打扫干净，处理好母亲的大小便；早上7时喂过母亲吃饭后，开始学校一天的工作。

尽管生活上的事儿很多，可是陈斌强的教学任务却一点也没落下，他教着两个班语文，负责教初一学生广播体操，总管学校体艺2+1活动。他总说："我是跑着走的。"

思考：读过了2013年感动中国十大人物之一的陈斌强的事迹，你有什么感悟？

关爱他人，最主要的就是要做到将心比心，换位思考，站在他人的角度来看问题，做事情。陈斌强之所以坚持要将母亲带在身边照顾，无非是考虑到两条：一是想到了母亲过去多年来对自己无微不至的养育之恩，二是从姐姐口中得知了母亲晚年的愿望。“过去他人是如何关爱我的？”“现在，我如果是他人，我最需要的是什么？”这两个问题，是我们在与他人的交往过程中，应该不断思考和提醒自己的。

关爱他人，要学会用心灵去理解、感受他们的处境、心理和需要，敏锐地对他们的喜怒哀乐感同身受。在个人利益与他人利益相冲突时，在可能的范围内，尽量照顾他人的利益和感受。在力所能及的情况下，要将帮助和支持他人，看成是一种快乐和幸福的事。

教育家苏霍姆林斯基在《怎样培养真正的人》一书中写道：“我们之所以去爱人，是因为在爱他人的言行中也有欢乐，也有自己的幸福。”不懂得这一点的人，他的人生是可悲的。

我们所生活的这个世界，除了周围的亲人、师长、朋友之外，还有许多我们不认识的人，陌生的人。许许多多我们偶尔邂逅，与我们有几面之缘，甚至是素未谋面的陌生人在有意或无意间对我们的生活施加影响——他们为我们生产商品、提供服务，我们从摇篮到坟墓都离不开他们的帮助和支持。现代社会，正日益成为这样一个联系紧密，“人人为我，我为人人”的“陌生人社会”。相互熟识、有血缘关系的亲人之间的关爱、扶持之情叫作“仁”“爱”；而没有血缘关系甚至是素昧平生的人们之间的相互帮助、相互关爱之情则是一种“大仁”“大爱”。从公民社会的角度，这也可以被看作是对社会负责的精神，反映着一个公民的社会责任感。

拓展阅读

2011年7月2日下午1点半，在杭州滨江区白金海岸小区，2岁女童妞妞翻出阳台，在10楼高空悬挂了一会儿后突然坠落。就在此时，正在楼下的年轻妈妈吴菊萍甩掉高跟鞋，奋不顾身地冲过去，用双臂接住了孩子，之后两人均陷入昏迷。

昏迷10天后，妞妞奇迹般苏醒，呼吸、血压、脉搏等生命体征基本平稳，能叫“爸爸妈妈”了。伸手接孩子的吴菊萍则左手臂多处骨折。

吴菊萍与坠楼的妞妞素不相识，她的义举挽救了妞妞的生命。事情发生后，当地授予她“见义勇为积极分子”“三八红旗手”等荣誉称号，网友们则称她为“最美妈妈”。

吴菊萍在对记者回忆起那惊险的一幕时，只微笑着说：“这是本能，是一个母亲应该做的事情。”

31岁的吴菊萍有一个刚刚7个月大的儿子，还没有断奶。由于吴菊萍治疗时要服大量药物，医生建议她给孩子断奶。吴菊萍说：“本想再喂一段时间，现在为了治伤不得不为孩子断奶了”；“不过我没有后悔，毕竟我接住的是一条生命，现在最大的心愿是获救的孩子能够平平安安”。

在爱人小陈眼里，吴菊萍是个非常有责任感的人，“特别是做了母亲之后，变得勇敢，凡事敢担当”。

从社会属性上看，人是社会中的人，是构成社会的基本细胞。个人的生存和发展离不开他人和社会的帮助和支持。所以，人必须承担相应的职责和任务，为他人和社会服务。同时，人也要对自己的行为后果负责——人在现实生活中会做出各种行为选择，并对自己的选择负有不可推卸的责任。这是个人对社会负责的另外一层意思。

在当代社会，作为一名公民，对社会负责的具体表现包括：自觉遵守社会公德，积极参与社会公共生活，积极奉献，回馈社会以及爱岗敬业，恪守职业道德等。

我们中学生虽然现阶段的主要任务是完成学业，充实自己，但也应该在力所能及的情况下尽自己作为公民的一份责任，在自主自觉的行为选择过程中“体验人与人之间利益相关的现实状况，深刻理解相互尊重、相互协调的必要性，切实感受自己所担负的道义上的责任，从而萌生责任动机，履行自己的责任”。

思考

2013 年 10 月，来自上海多所知名中学 8 位高中生走到了一起，成立了研究团队，探索如何在上海社区推行服务老龄人口的新模式——时间银行。

所谓“时间银行”即“志愿服务时间储蓄制度”，是指服务提供者将参与公益服务的时间存进“时间银行”，当自己遭遇困难时就可以从中支取“被服务的时间”。“时间银行”的本质是“服务换服务”。

该研究团队花了数月时间，以问卷调查、社区走访、阅读专业书籍、拜访专家教授等方式，完成了关于该项目的调查报告。为了真实地模拟“时间银行志愿服务体系”运行状况，以便对其进行及时的调整，2014 年 2 月，他们设计了一个在上海市普陀区南梅园社区实地试点的具体方案，并独立完成了该方案的资金筹措、人员召集、服务安排、接收服务老人反馈信息收集等后续环节的实施。同时，团队还给上海市相关领导去信，阐述他们对于“时间银行”这个志愿者服务项目的想法，希望获得政府方面的支持。2014 年 2 月 11 日，上海市市委、市政府相关领导对该信进行批复，并与研究团队取得联系，正式介入这一志愿者服务项目的试点和探索工作。

请思考：上海复旦附中的同龄人的行动体现了一种什么精神？对我们有何启发？

让人生更美丽、更绚烂

现阶段，青年学生正处于人生发展的一个关键时期，虽然尚未步入大学校园或正式进入社会，但大部分人已经逐渐褪去儿童、少年时代的青涩——独立的自我意识已然成型，独特的个性正在塑造过程中，对自我、世界以及人生的看法和观念初露端倪。在这个阶段，总的来说，大家仍然是处于漫长人生的开端，最应该关注的，仍然是为即将展开的人生冲刺蓄势。只有打好基础，做足准备，才能在接下来的人生旅途中走得更好、更顺畅，欣赏到更多美丽的风景，达到自己梦想的高度。

人生漫长，旅途不易。要在之后数十年的过程中经受住重重波折的考验，直面一次次生命中的挑战，我们必须打造一个健康的人格，拥有和保持一种奋发向上的精神面貌，并不断向人生的更高境界迈进。只有这样，我们才能活出更加美丽和绚烂的人生。

拓展阅读

青年的人生之路很长，前进途中，有平川也有高山，有缓流也有险滩，有丽日也有风雨，有喜悦也有哀伤。心中有阳光，脚下有力量，为了理想能坚持、不懈怠，才能创造无愧于时代的人生。

——2016年4月26日，习近平在知识分子、劳动模范、青年代表座谈会上的讲话

首先，健康的人格对于我们今后的人生发展极端重要。

我们要追寻人生价值，追求人生幸福，健康的人格必不可少。

具有健康的人格的人大致有以下几个特征。第一，内部心理和谐发展。存在于潜意识的紧张和不安较少，而且稳定，他们的内心协调一致，言行统一，能正确认识和评价自己的所作所为是否符合客观需求，是否符合社会道德准则。第二，同时具有包容和开放的心理特征。既对自身的素质和能力怀有高度自信，又能在现实中与他人积极协调，并能及时调整个体与外部的关系。第三，从思想到行为的路径是简洁有效的，并能把自己的智慧和能力更好地运用到能获得成功的工作和事业上，而这种成功，往往又为他们带来满足和愉快，并形成新的兴趣和动机，使他们的生活内容更加充实。

要想塑造这样的人格，除了先天的心理素质之外，我们自身也可以做出几个方面的努力。首先，要养成热爱学习的习惯，不断提高自身修养和各项能力。智慧是人格的基本要素之一，学习知识、增长智慧的过程就是人格优化的过程。现实中，不少人格的缺陷是源于知识的贫乏，比如无知容易粗鲁、自

卑，而丰富的知识容易使人自信、坚定、理智、礼貌等。正如培根所说：“知识就是力量”，“读书使人深刻，伦理学使人庄重，逻辑修养学使人善辩，凡有所学，皆成性格”。培养热爱学习的习惯不是一朝一夕的功夫，需要引导兴趣，累积知识，循序渐进。其次，我们应抓住机会，积极与同龄人进行人际互动。卡尔·威特曾说过，如果一个孩子不知道怎样与人相处，那他将是一个孤陋寡闻的人。我们要善于将自己融入集体中。健康人格发展、塑造的过程，是个人社会化的过程。集体是健康人格塑造的土壤，它不仅是一个人展现其人格的舞台，也是认识自己人格的一面镜子。在集体中，更有利于发现自己的人格品质的优劣，并得到他人的帮助。尤其是在当今独生子女居多、城市居住单元化的现实中，集体间的人际互动更是重要。哪怕是争吵，也会让不善言辞的人学会据理力争，使任性、霸道的人也懂得收敛。同龄人之间的人际互动，更易使人掌握互惠的原则，懂得社会规范的道理，培养自信与自我表达能力，从而促进健康人格的形成和完善。再次，培养吃苦耐劳的精神，锻炼坚强的意志。意志在人格构成中占有非常重要的地位，培养坚强的意志是健康人格塑造的重要内容。此外，在人格塑造的艰苦、长期的过程中，对意志的锻炼还将直接促进其他人格特征的培养。磨炼意志的方法很多，如体育锻炼就是一条有效的途径。它不仅需要良好的身体素质，而且需要坚韧不拔、吃苦耐劳的精神。通过体育锻炼，我们可以同时磨炼身心，更容易理解一时的懒惰和懦弱是妨碍走向美好未来的绊脚石，只有战胜这种懒惰和懦弱，克服种种困难，才能在未来的路上走得更快，更好。

坚持锻炼　磨炼意志

对于中学生来说，拥有和保持奋发向上的精神面貌，可以简单地归结为两点。第一，不要怕；第二，不要懒。

有一句话，大家应

该都知道，说得很有道理：年轻没有失败。旺盛的青春活力是我们拥有的最大、最丰富的资本。只要我们勇于尝试，不畏惧失败，任何的经历都会对我们的人生产生有利的影响。成功固然让人欣喜，但失败也许能教给我们更多。

俗话说：初生牛犊不怕虎。我们现在就应该无所畏惧，意气飞扬，昂扬奋发。我们的人生画卷才刚刚展开，我们应该往上面涂抹更多的颜色，使其五彩斑斓，熠熠生辉。我们应该挖掘自己的潜力，用尽自己的能力，去经历更多，去创造更多，永不满足地开辟更广大的人生天地。

思考

曾在《青年中国说》节目中发表过演讲的少年科学怪才薛来在看美国大片《钢铁侠》时注意到了一组画面：男主人公托尼·斯塔克在他的高科技大厦中用他的手势控制各种各样的3D画面。他和他的一帮伙伴觉得这真是太酷了，于是决定要做出一个仪器，将这一幕搬到现实中来。最终，薛来和他的另外两个高中生伙伴花了一年的时间，设计出了一种名为Touch+的3D体感传感器，实现了自己的梦想。薛来在他的演讲最后提到，他们当时开始进行这个项目的时候并不知道它的难度：“这些东西不是没人做，其实有人做，但是它一般都是硕士和博士生的研究，他们写的论文会写这些东西。为什么我们三个高中生，会去做这样疯狂的事情呢？因为我们不知道这个事情的难度，我们不知道，这个事情是多么不可能完成，但是我们最后将它做到了。”他在结束语中送了同龄人一句话：无知是一个人最大的幸福。

请思考，薛来所说的“无知”是字面上的意思吗？

进入高中以后，同学们的学习越来越紧张，在许多学校中，你追我赶、争分夺秒学习几乎成为一种氛围。然而，我们周围往往也有这样的同学——他们平时在学习上怎么也提不起精神，调动不起竞争的激情：或只说不做、行为懒散，空耗时间；或觉得生活枯燥乏味，整日沉湎于网络。这些同学为什么会这样的呢？

原因有很多。但总的来说，他们是犯了“懒病”。他们的身上充满了惰性。这种惰性，是我们实现人生价值，走向绚烂明天的大敌。它使人拖延、犹豫、丧失信心，直至摧毁一个人的美好前程。有一句民谚贬说惰性：“懒惰让青年人未老先衰”。

拓展阅读

有一个年轻人，总觉得工作太过辛苦，别人给他介绍过不少工作，可他都是做不完一个星期就跑回家了。他的父亲为此非常担心，因为人总是要生存的。于是，他花了很多工夫，终于托一位朋友为他的儿子找到了一份合适的工作。这位朋友说，这份工作什么都不用干，只要坐在那儿就行了。

原来，这是一份看守墓园的工作，的确什么也不用干，年轻人需要做的仅仅是每天坐在椅子上。

可是没过几天，年轻人又辞了守墓的工作。父亲以为是工作没有想象的轻松，便问儿子有什么辛苦的地方。年轻人抱怨道：“太不公平了。整个墓场，所有人都躺着，只有我坐着。这么辛苦的工作，我才不干！”

这则故事虽然类似于笑话，但也从一个侧面让我们了解到，懒惰能对一个人造成多大的破坏。需要注意的是，在现实生活中，惰性的滋长几乎从来都是从生活中的小事开始的：每天早锻炼的时候，我们选择了温暖的被窝而非凛冽的晨风；寝室里地面上的纸屑，如非无法立足，我们总是视而不见；老师布置的任务或作业，如果不是马上要交，我们总会将其推迟到明天；制定好的计划永远停留在脑海，每到需要行动的关头就想出无数的理由和借口来拖延；明明市面上已经有了新的版本，我们却总是不愿更新电脑上的办公学习软件，其实只要付出一点努力就可以掌握新的、更好的功能。

有一位哲人曾经说过：没有任何一个想法比这一个更有力量——时候到了。如果你接手了一件棘手的任务，不要拖延，立即着手去做；如果你遇到了一个困难，不要犹豫，马上想办法去克服；如果你制定了一项计划，不要等待，即刻付诸行动。因为，时候到了。现在，就是行动的那一刻。

大多数人之所以庸庸碌碌地度过了自己的一生，并不是因为他们愚蠢、无知或总是做错事，而是因为他们不懂得成功的两条守则：第一条，从现在起，开始行动；第二条，坚持下去。

会思考，也能行动；敢梦想，勇于实现。这样的人生，才值得期待；这样的生活，才值得拼搏。苏联著名作家奥斯特洛夫斯基的名言大家一定耳熟能详："人最宝贵的东西是生命。生命对于每个人来讲只有一次。一个人的生命应该这样度过：当他回首往事时，不会因虚度年华而悔恨，也不会因碌碌无为而羞耻……"我希望，将来，同学们回首自己的人生路途时能自豪地宣称：我的一生，没有白活——我看见了自己想看见的，我做到了自己能做到的，我贡献了自己应贡献的。

最后，不断向人生的高境界迈进。

什么是"人生的高境界"呢？这可以有很多种解释，有一个小故事可以对其稍作诠释。有一个人路过一块工地，发现了两个在一起工作，但精神面貌截然不同的工人——一个没精打采，一个干劲十足。他十分奇怪，就分别问了这两个工人同一个问题：你现在在做什么？前者懒洋洋地回答："这你还看不出来吗？我在往墙上抹水泥。"而后者很兴奋地回答："我正在盖一座摩天大楼。"

这个故事告诉我们，不管我们从事的工作是如何平凡，我们的目光总应往更高处看。为什么这么说呢？因为我们需要人生幸福和人生价值。费尔巴哈宣称："一切有生命和爱的动物、一切生存着的和希望生存的生物之间最基本的和最原始的活动就是对幸福的追求，人的任何一种追求都是对幸福的追求。"革命导师如是，普罗大众亦如是。

革命导师马克思在他的中学毕业论文中写道："如果我们选择了最能为

人类福祉而献身的职业，那么，我们就不会被它的重负所压倒，因为这是为人类而献身！那时我们所感到的就不是可怜的、有限的、自私的乐趣，我们的幸福将属于千百万人。我们的事业是默默无闻的，但将永恒地发挥作用并长存于世，面对我们的骨灰，高尚的人们将洒下热泪。”前文所引的奥斯特洛夫斯基的名言的后半段也说道：“在临死的时候，他能够说：我的整个生命和全部精力，都已献给了世界上最壮丽的事业——为人类的解放事业而斗争。”马克思为了革命事业一生颠沛流离，奥斯特洛夫斯基瘫痪在床依然笔耕不辍。大家在阅读这两位在不同领域做出卓越贡献的伟人的事迹时，可能更多的是惊叹他们坚强的意志和不屈不挠的斗志，却可能忽略了他们在从事自己的事业时所感受到的莫大的使命感和幸福感。是的，在我们看来艰难困苦的人生，对他们而言却是幸福的，甚至是求之不得的。这就是步入人生的高境界的作用。

有人会说，我只是一个现实世界中的平凡人，我没有那么伟大的理想，也没有想过这一生为他人奉献所有。我最大的愿望就是像《万万没想到》中的王大锤所说的：升职加薪，当上总经理，出任 CEO，迎娶白富美，走上人生巅峰。上述所说的，并非不正确，但是不全面。这些东西，两个字即可概括：物欲。物欲本身不是幸福，只是幸福的其中一个层次的标志；物欲，可以作为人生的阶段性的目标，却绝不能作为人生的支柱。关于这一点，哲学家叔本华有着清醒的认识。在他看来，如果人总是追求物欲的满足，那么在其未被满足时，人无疑是痛苦的；一旦物欲被满足了，“可怕的空虚和无聊就会袭击他”，因为“随着满足的实现，愿望也就完了，因而享受也就完了”。另一方面，幸福不仅不能通过对物欲的满足而获得，在很多时候反而是通过对其的一定节制而得到的。

幸福不仅是对物欲的满足，幸福更多的是心灵的充盈和精神的充实。而这两点，是物欲无法给予我们的。有些人把对财富和地位的追求当成是对幸福的追求，然而财富意味的是“人有什么”，地位意味的是“人在他人评价中的位置”。这一切，都是外在的，都会随着时间的改变而变更，只有人心灵的平静、充实才能达到真正的幸福。

思考

1863年，“石油大王”洛克菲勒在克利夫兰开设了一个炼油厂，把西部的石油运到纽约等东部地区。随后不久，克利夫兰就出现了50多家炼油厂。洛克菲勒决定垄断“下游”的工业，于是他联合了两位合作者。

1870年，他创建了一家资本额为100万美元的新公司——标准石油公司。洛克菲勒身为公司创办人和总裁，获得了公司最多的股权，当时他只有31岁。

垄断的经营形式对消费者和其他竞争者来说极其不公平。大多数人都很痛恨这种行为，但当时洛克菲勒根本没有意识到这点。对他来说，他要控制整个世界的石油行业。

1882年1月20日，洛克菲勒召开标准石油公司的股东大会，组成了9人的“受托委员会”，掌管所有标准石油公司的股票和附属公司的股票。随后，该委员会发行了70万张信托证书，仅洛克菲勒等4人就拥有46万多张，占总数的2/3。

就这样，洛克菲勒的“托拉斯”梦实现了。他合并了40多家厂商，垄断了全国80%的炼油工业和90%的油管生意。随后，托拉斯迅速在全美各地、各行业蔓延开来。洛克菲勒成功地造就了美国历史上的垄断时代，他也成了名副其实的“石油大王”。

然而就在1896年，名噪世界的“石油大王”洛克菲勒突然宣布退休！这一年他才57岁。为什么他会急流勇退呢？有人说他积劳成疾，不得不退休；更有人说他自觉罪孽深重……

实际上，洛克菲勒成功的背后，确实有不少同行厂商被迫倒闭、破产。而且在当时，他的名声确实很糟，可谓是众叛亲离，人人憎恶！甚至连他的兄弟也不齿他的行径，将自己儿子的坟墓从洛克菲勒家族的墓园中迁出。

就是在此刻，自以为拥有金钱就拥有一切的洛克菲勒才幡然领悟到：真正的幸福不是由金钱的多少所决定的。回想这些年来，自己获得了数不尽的金钱，但快乐、健康、休闲、娱乐、亲情、友情、别人的尊敬和关爱……这些东西通通离他远去！

于是，洛克菲勒开始过一个正常人的平淡生活！他开始学打高尔夫球，去剧院看喜剧，还常常跟邻居闲聊。就这样，他过上了与世无争的简单日子。

在41年的退休生涯里，他把主要精力放在慈善事业上。当洛克菲勒开始考虑如何把巨额财产捐给别人时，几乎没有人愿意接受，说那是肮脏的钱。通过他的努力，人们最终慢慢地相信了他的诚意，并接受了他的好意：

密歇根湖畔一家学校因资不抵债行将倒闭，洛克菲勒马上捐出数百万美元，从而促成了如今的芝加哥大学的诞生；当时的美国没有医疗研究中心，他捐资20万美元成立了洛克菲勒医学研究所，后来这个研究所因为卓越成就获得了12项诺贝尔奖，比任何同类研究所所获奖项都多；此外，洛克菲勒还创办了不少福利事业来帮助黑人。

从19世纪90年代开始，他每年的捐献都超过100万美元。1913年，他设立了"洛克菲勒基金会"，专门负责捐款工作。他捐款总额达5亿美元之多！得到帮助的人开始感谢他，尊敬他。从这以后，人们开始以另一种眼光来看他。

思考：洛克菲勒的转变告诉我们什么道理？为什么我们说有些人"穷得只剩下钱了？"

心理学认为，人的稳定精神素质是同终极关怀密切相关的。高境界的理想和信仰能排除一切心灵的焦虑、思想的不安，引导人们走向和谐和安宁。事实上，缺乏幸福感的人往往是缺乏远大理想和信仰的人，因为他们本能地感觉到自己的人生枯燥乏味、循环往复、毫无意义。从某种意义上说，幸福是一种对理想和目标的不懈追求。理想和目标越崇高，人的精神的领域和内容就越宽广、越丰富，精神上的感受就越快乐，为达到预期目标，意志和毅力就越坚强，在前进道路上体验到的幸福就越强烈、越深刻。

对于我们青年人来说，要体验到更大的成就感和幸福感，就应该身存书屋，心怀天下，脚踏实地，努力奋斗。我们并不是说不能安于平凡，每个人的能力、禀赋各有不同，生活环境、家庭背景也有好有坏，但这并不能影响我们志存高远，抬头看天。

我们来到这个世界，就要选择有价值的世间生活。对人生价值和人生幸福的看法制约着我们的整个生活历程，赋予生活意义与内容，指导着我们如何认识自我，如何活在这个世界上，应该怎样度过自己的一生。有远大理想，把人生看成是不断奋斗进取的过程，这样的人在完成事业中，才会享受到创造的乐趣和成功的愉悦；不断超越自我，改善自我，在平凡的岗位上做出创造性的业绩，将自身的一举一动都与更崇高的目标联系在一起，这样的人即是身处陋室，也能甘之如饴，体会到最大的幸福和满足。

最后，与大家分享一首励志歌曲《我相信》（刘虞瑞作词），里面的歌词非常传神地唱出了青年人的信心、风采和精气神。希望大家都能像歌中所唱，自信自我、自主自立，走向更加美丽和绚烂的明天。这首歌的歌词是这样的——

想飞上天
和太阳肩并肩
世界等着我去改变
想做的梦
从不怕别人看见
在这里我都能实现
大声欢笑让你我肩并肩
何处不能欢乐无限
抛开烦恼
勇敢的大步向前
我就站在舞台中间
我相信我就是我
我相信明天
我相信青春没有地平线
在日落的海边
在热闹的大街
都是我心中最美的乐园

我相信自由自在
我相信希望
我相信伸手就能碰到天
有你在我身边
让生活更新鲜
每一刻都精彩万分
I do believe

图书在版编目（CIP）数据

现代公民读本：高中版／杨杰主编.—上海：上海教育出版社，
2016.1（2018.12 重印）
ISBN 978-7-5444-6715-5

Ⅰ.①现… Ⅱ.①杨… Ⅲ.①高中生—公民教育—社会公德教育
—中国 Ⅳ.①D648.3②G631.7

中国版本图书馆CIP数据核字(2015)第313655号

责任编辑　邹　楠　张璟雯
封面设计　陈　芸

现代公民读本（高中版）
杨　杰　主编

出版发行　上海教育出版社有限公司
官　　网　www.seph.com.cn
地　　址　上海市永福路123号
邮　　编　200031
印　　刷　上海展强印刷有限公司
开　　本　700×1000　1/16　印张 7.75
字　　数　122千字
版　　次　2016年1月第1版
印　　次　2018年12月第2次印刷
书　　号　ISBN 978-7-5444-6715-5/G·5539
定　　价　48.00 元

如发现质量问题，读者可向本社调换　电话：021-64377165